JN095229

経営学史学会編　〔第二十九輯〕

「時代の問題」と経営学史

――COVID-19が示唆するもの――

文眞堂

巻頭の言

経営学史学会第10期理事長　藤　井　一　弘

本年報第29輯は，経営学史学会第29回全国大会における研究報告をもとに執筆された論文から構成されている。同大会は，統一論題「『時代の問題』と経営学史――COVID-19が示唆するもの――」のもと，駒澤大学（大会実行委員長：松田健会員）を主催校としてオンライン形式で行われた。

この統一論題には，感染症拡大下での「事業活動と社会の関係」，および「組織と管理のあり方」について，それぞれを問う「事業と社会」，「組織と管理」という2つのサブテーマが設けられた。これらのテーマは，直接的には，全世界的に2020年当初より深刻化した新型コロナウイルス感染症の拡大という事態を，経営学として，どのように受けとめ，それに対して，どのように取り組んでいくか，という問題を巡って設定されたものである。ただし，その問題設定の背後には，経営学の歴史を，「時代の問題」に取り組み，その解決をめざしてきた歴史ととらえる，という意識がある。

大会では，基調報告と，各サブテーマにつき2件の報告，8件の自由論題報告がなされたが，本年報には，基調報告論文，ならびに統一論題報告をベースに大会当日の質疑応答を反映して推敲された4点の論文と，自由論題報告者より投稿された論文に対して，査読プロセスを経て採択された2点の論文が収録されている。

現下の感染症の拡大が，今後，どのような「時代」を作り出すかについての帰趨は，いまだ明らかではない，と言えるだろう。しかしながら，あらかじめ，さまざまな事態を想定し，それらの事態に対処する際の選択肢を考え抜き，用意することもまた，私たちに課せられた責務である。

執筆者のみならず，29回大会の参加会員，そして本学会会員による日々の活動の総体として，本年報に結実している諸々の思考が，そのような責務を果たすにあたっての一助となることを念じている。

目　　次

第Ⅰ部

趣旨説明

「時代の問題」と経営学史
――COVID-19 が示唆するもの――

第 9 期運営委員会

経営学史学会第 29 回全国大会の統一論題テーマは，「『時代の問題』と経営学史――COVID-19 が示唆するもの――」とする。その趣意は以下の通りである。

今，世界は共通の「危機」に立ち向かっている。2019 年に中国武漢から感染が広まった COVID-19（新型コロナ）は瞬く間に世界中に拡大し，現在では約 3400 万人の感染者と 100 万人を超える死者（2020 年 10 月現在 WHO データ）をもたらすに至っている。長い歴史の流れを辿れば，幾多の感染症が地域的あるいは世界的に蔓延しており，そのたびに人類はその時々の知恵や方法でこれと闘い，果敢に乗り越えてきた。今回も後に振り返ってみれば，そのような歴史の中の一齣なのかもしれない。しかしながら，このただ中にある我々は，見えざる敵に直面して戸惑い，もがき苦しみながらも，様々な領域で闘いを挑んでいる。

今回の統一論題は，まさにこの現代の「大問題」に対して，経営学史の観点から光を当て，解決へ向けての道筋を指し示すことができるのか，という課題に取り組み，解決への道筋を模索してみたい。というのも，考えてみれば経営学の歴史とは，ある面から見れば，「時代の問題」に対していかに取り組んできたか，という「問題解決」の歴史であったとも言えるからである。

「時代の問題」は多岐に渡る。飢餓，戦争，不況など様々な問題に直面した時，人類はこうした「時代の問題」にその都度対応し，これを乗り越えてきた。例えば，経営学の父と呼ばれるテイラーによる『科学的管理法』（1911 年）は，現場での諸問題を直接的な目的としながらも，その背後にある南北戦争後の産業化の急速な進展と人々の労働のあり方の変化から大きな影響を受けている。また，世界大戦の影響下にあっては，ドイツやアメリカそして日本でも多くの経営理論や手法が誕生した。

今回のような感染症に注目すれば，欧州を中心に大きな被害をもたらしたペスト流行時には，主として防疫の観点から採られた対策が，結果的に「科学性」や「効率性」という考え方を人々の間に広め，人口減少を補うべく技術革新を通じた効率性向上により，新たな産業を生み出した。また，先のスペイン風邪の世界的蔓延期には，その拡大の原因となった軍隊組織でも，組織の指揮統制とリーダーシップのあり方に一石が投じられた。このように，人々の集い（集団）のあり方の再考を通じ，組織や事業の改革が行われたこの時期に，新たな近隣コミュニティーの創造を模索したフォレットの『新しい国家』（1918年）が出版されたことも，この問題と無縁とはいえないのではないか。

さて，今回の新型コロナの問題は，今後の経営学の展開にとってどのような意味をもたらすのであろうか。我々の目の前の具体的な経営課題としては，リモートワークが浮き彫りにした「働き方」の変化，「サプライチェーン」の見直し，「情報ネットワーク」の事業プロセスへの適用など，様々な課題が浮かび上がってきた。これらは，誤解を恐れずに言うならば，コロナ禍という「環境変化」にいかに対応して新たな「経営手法」へと変更していくか，というプラクティスの問題への注目と言える。

それはとりもなおさず，「経済成長のための企業活動」を所与としつつ，「未来に向かい，豊かに拡充されていく人間社会」の確立を標榜してきた我々の活動そのものが制限されたことを契機として，我々はこれからどの道をどのように歩むのか，という選択に直面したことの表れであるといえる。

しかしながら，経営学史という「歴史的パースペクティブ」からこの事象を捉えなおすならば，さらに重要な問題が指摘されるであろう。それは，このような事態が，近代以降の世界を支えてきた「合理主義」「経済至上主義」などの価値を根底から変える契機となりうるのか，それとも近代的価値の「徹底化」をさらに推し進めるアクセルとなるのか，という問題である。さらには，もしもこの事態を歴史的転換点として捉えるなら，従来の「経営」や「経営学」の考え方そのものを見直す時期を迎えているのではないか，という問いである。もちろん，この現象は一過性にすぎず転換点などではない，とする意見もありえよう。いずれの立場を取るにせよ，COVID-19パンデミックという「時代の問題」が，経営学に示唆しているものは何か，これを論じることが経営学史研究における喫緊の課題である，と我々は考える。

上記の問題を論じるにあたり，以下の２つのサブテーマを設定する。

サブテーマ１：「事業と社会」

事業活動と社会の関係について，「コロナ禍」が示唆するもの。

サブテーマ２：「組織と管理」

組織と管理（組織行動・構造，権限関係，働き方，リーダーシップ等）のあり方について，「コロナ禍」が示唆するもの。

第Ⅱ部

「時代の問題」と経営学史

――COVID-19が示唆するもの――

1　「時代の問題」と経営学史の役割
――Covid-19という「問題」をめぐって――

三　井　　　泉

Ⅰ．はじめに――今，何が起こり，何がわかっているのか？――

2019年に中国武漢で初めて感染が確認された新型コロナウイルス「Covid-19」は瞬く間に世界中に拡大し，2021年11月末現在，約2億5000万人以上の感染者と500万人を超える死者をもたらすに至っている。長い歴史の中では，ペストや天然痘など，幾多の感染症が地域的あるいは世界的に蔓延し，そのたびに人類はその時代の知恵や方法でこれと闘い乗り越えてきた。今回も後に振り返ってみれば，そのような歴史の中の一齣なのかもしれない。しかしながら，この只中にある我々は，見えざる敵に直面して戸惑い，もがき苦しみながら，様々な領域で闘いを挑んでいる。この戦いはいつまで続くのか，その出口はいまだに見えない。

我が国で最初のコロナ感染者が発症したのは，2020年2月のことであった。中国人観光客を乗せたバスの運転手，そしてダイヤモンドプリンセス号の乗客へ，それは海外からやってくる「見知らぬ疫病」の形で到来した。その時点では，かつて香港で起こったSARSやMARSのように，予防さえしていればいつかは消えゆくインフルエンザのようなものだと，我々の多くは思っていた。しかし，その様相が明らかに違うとわかり始めたのは3月に入ってからのことであった。クルーズ船の感染者は急激に増加し，死亡者も増えていった。その感染力の強さや病状の急激な悪化が報道されるにつれ，「これはただ事ではない」という雰囲気が日本中に広がった。そのころは，すでに街のドラッグストアの店頭から，マスクや消毒液が跡形もなく消えていた。そして，4月7日に第一回目の「緊急事態宣言」が発令され，「ステイ・ホーム（stay at home）」の掛け声とともに，町から人が消えた。こうして，「コロナ禍」が始まり，今にいたっている。

現在では，世界中でワクチン接種が進められているが，次々と生まれる変異株に対するその効果は未確定であり，いまだ終息の兆しは見えない。この２年で我々が理解した数少ないことは，「これは従来のインフルエンザとは違う」こと，そして「人と密になる事が最も危険」なこと，また「感染拡大を止めるために，都市の封鎖や経済活動の停止もありうる」こと，さらに「このウイルスには変異株が現れ，ワクチンの効果が無効になるかもしれない」こと，そのことから「昨日までの日常が，明日も続くとは限らない」ことなどである。

一方で，われわれはこの２年で多くのことを学習した。世界に張り巡らされた物流ネットワークは感染拡大の前には脆弱であったが，インターネットによる情報ネットワークは比較的強靭であり，それを用いることで，人と人が接触せずとも，ある程度の社会生活──労働，消費，教育，娯楽など──は行いうること。その背後で，エッセンシャルワーカーと呼ばれる，医療，介護，看護，小売り，清掃など，感染リスクを抱えながら，生活のライフラインを支える人々の重要性が増していることなどである。

以上のように，コロナ禍という「世界共通の問題」に直面して，それを解決するために我々が確実に知りえたことは，まだそれほど多くはない。しかしながら，この獲得した知識や経験を駆使し，新たな解決策を模索していかなければ，我々に明日はない。このことは確実である。今回の大会では，経営学史の視点から，この「時代の問題」に対してどのような解決の道筋を示しうるのか，ということを議論してみたい。

Ⅱ．「問題発見」のプロセスとしての経営学史[1)]
──「臨床と科学」の視点──

経営学──特にアメリカのマネジメント理論──は「実践科学」と呼ばれることが多い。その意味を簡潔に述べると，経営の目的や成果達成のための鍵となる「問題」を発見し，それを「解決」へと導く有効な「概念枠組

(conceptual scheme)」を提供することを目的としている，ということになろう。このような性格から，経営学は何らかの真理や本質の解明を最終目的として，一貫性のある理論体系の構築を目指すという「本質主義」に基づいた従来型の学問とはやや性格を異にしてきたと言ってもよい。つまり，実践科学としての経営学の価値を決めるのは，問題の解決に向けての理論ないしモデルの「有効性」「有用性」ということになる。しかしながら，アメリカ経営学の変遷を振り返ると，このような実践科学を大前提としながらも，大きく二つの方法的立場があるように筆者には思われる。それは「臨床的方法」と「科学的方法」であると考える。

臨床的方法は，ある具体的状況の徹底的観察に基づき，そこから「帰納的」に一定のパターンや仮説を組み立て，これを既存の理論との対比や実験によって精緻化し，それを再び現実にフィードバックして，当該問題の解決をもたらす理論（概念枠組）を創り上げていく，という方法であると言える。この場合の理論の最終目的は，あくまでも当該問題の「解決」にあるのであって，理論体系の完成にあるわけではない。また，ここにおける理論の真偽を決めるものは，この概念枠組みを活用した「行為の結果」ということになる。この代表は，1920 年代ハーバードのヘンダーソン（L. Henderson）らの科学コミュニティーを中心として提唱された方法論であり，人間関係やバーナードもこの中に含まれる。

これに対して科学的方法は，ある問題状況を分析するに際して，既存の確立された理論から「演繹的」に仮説（理論モデル）を導き出し，これを現実に照らして経験的に検証（あるいは反証）し，この一連の手続きを通じることで，理論の「真偽」が決定されるというものである。この場合の最終目的は，背後にある「真理の解明」ということになる。これは，管理の科学化を目指したサイモン（H. Simon）やマーチ（J. March）らに代表される。

これら二つの方法は，方向性の全く異なるものである。しかし，「経営実践の現場」では，これらが同時に存在し相互作用している。このことを明確に指摘したのは，バーナード（C. Barnard）であった。彼は "Notes on Some Obscure Aspects of Human Relations"（邦訳「人間関係のあいまいな諸側面に関する覚書」）という講義の中で，「実務家」と「科学者」の相違に言及して，次のように述べている。つまり，一般に実務家は自らを「行為者」，そして科学者は自らを「抽象者」として位置付けているが，実際には，実務家も科学者もともに「抽象」を扱うことにおいて違いはない。むしろ，相違はその「目的」にある。実務家の目的は「具体的行為における真理（truth in concrete action）」であり，科学者にとっての目的は，「最高の抽象における真理（truth in the highest abstractions）」であるという（Wolf and Iino 1986, pp. 68-69, 翻訳書，101 頁）。

また，両者の間には「時間の感覚」についても違いがあるという。実務家の関心は‘現在と未来’あるいは‘今がチャンス’という「即時感（a sense of immediacy）」に向かうのに対して，科学者の関心は‘昨日もそして今後も’という「超時感（a sense of timelessness）」に関心の焦点があるという。さらに，バーナードの次の言葉は，極めて象徴的である。「実務家は，実際には論理的過程によってではなく，それが決定にどんな関係を持つかという感覚によって識別されるぼんやりとした抽象物のなかに（in a cloud of abstractions）……これに対して，学者は抽象的な真理との関係によってかろうじて区別されるあいまいな出来事の中に（in a cloud of events）いる」（Wolf and Iino 1986, p. 69, 翻訳書，102 頁）。

この両者の，いわば「世界観」には違いがありながら，特に，管理技術と科学が出会う場面では，それらが結びついたときに大きな効果を発揮する，ということにバーナードは気づいていた。つまり，実践的問題解決の現場では，この両者の相互作用が極めて重要な役割を果たす。両者の立場から「発見」された「問題」は，互いの独自の問題解決に向かいつつ，相互に関連することでより大きな総合的問題解決へと向かうこともあるためである。

ここで，我々が直面しているコロナ禍という状況を振り返ってみよう。この 2 年間，新型コロナの感染抑止をめぐっては，それが複合的な問題であることから，医学専門集団，医療現場従事者，政治・経済分野の専門家や実務家など，多くの立場からそれぞれに問題が提起され，それぞれの専門的研究に基づく膨大な情報が世界にあふれ出してきた。ここには，臨床も科学も混在し，「問題は何か」ということすら見失ってしまう場面も少なくない。むしろそのこと自体が，大きな問題であると言えるのかもしれない。

経営学は，その誕生以来，「時代の問題」と共に歩んできた。とするなら，経営学史は「問題発見――あるいは問題提起――の歴史」であったと言っても過言ではない。例えば，テイラー（F. Taylor）による*Scientific Management*（『科学的管理法』）（1911）は，直接的には組織的怠業や職場能率の問題解決を目的としつつ，その背後に，南北戦争後の産業化の急激な進展に伴う生産性や労使関係という時代の問題を見据えている。またドラッカー（P. Drucker）は，ヨーロッパのファシズム全体主義の根源を探った『経済人の終焉』（1939）の発表以来，多くの著作の根底に，現代社会における「自由と責任」の問題を踏まえていたことを忘れてはならない。彼らはともに，先に述べた実務家と科学者つまり「臨床と科学の狭間」に立ち，「時代の問題」を見据え続けた経営思想家であったと言えよう。さらに，今回のCovid-19の問題を考えるに際して，忘れてはならない人物がいる。それはフォレット（M. Follett）である。彼女の代表的著書*The New State*（『新しい国家』）は，1918-パンデミック（スペイン・インフルエンザ）の第2波が襲ったボストンで，1918年9月に出版された。そして，その後の彼女の著作にも，パンデミックの影響が陰に陽に現れていると推察されるが，そのことに言及する研究は，今まで国内外にほとんど見られない。そこで，ここでは，この点について少し触れてみたいと思う。

Ⅲ．経営学史上の「経験」[2)]

――1918-パンデミックとボストンのM. P. フォレット――

1．1918-パンデミック下のボストン[3)]

「スペイン風邪」（1918 flu pandemic, Spanish Flu）は，1918年から1919年にかけて，第一次大戦中の軍隊を中心に感染拡大し，最終的には世界で5億人が感染し，5000万人から1億人が死亡したと推定される[4)]。

最初の症例は米国カンザス州の陸軍で，1918年3月に1人の兵士に発症し，そこから軍関係への感染拡大により，全米のみならず，米国の第一次大戦の参戦と共に世界へ拡大していった。3月に始まった第一波は比較的穏やかであったが，同年8月ごろから始まった第二波は，ウイルスの変異によりさらに大きな被害をもたらした。中でも被害が大きかったのがボストンであった。ボストンのインフルエンザは，同年8月27日に州埠頭に停泊していたレシービングシップ[5)]で発生した。最初2−3名の水兵に症状が現れ，翌日は8名，次の日には58名という勢いで増加した。さらに感染は広がり，9月中旬までにボストン地域に駐留している21,000人の船員の約2,000人までに拡大した。発症から27週間（週ごと）のインフルエンザや肺炎による全米の都市別死亡者数データによれば，ボストンは，1918年9月8日の46名から1919年3月9日には6,225名に，全米では同期間に68名から142,631名にまで増加したという（クロスビー，翻訳書，58頁）。

1918年9月25日より，ボストンのすべての公立学校は無期限閉鎖となり，9月26日に市長はボストンの劇場，映画館，ダンスホールに封鎖命令を出し，10月7日まで集会を禁止した。10月8日に市長はすべての小売店，部門，乾物，専門店，衣料品，家具店に開店時間制限を命じた。10月中旬までに感染による3,500人以上の死者が確認されたが，次第に減少傾向となったため，10月19日土曜日深夜，ボストンの閉鎖命令は解除された。その後も市の保健局は警告を続けたが，これは無視される結果となった。

最終的にボストンは，1918年の秋だけで，流行性インフルエンザと肺炎で住民の4,794人を失い，1919年冬の流行と合わせて，ピッツバーグとフィラデルフィアを除いて，全米で最も被害が大きい都市の1つとなったという。

2．パンデミック期ボストンのM. P. フォレット

この時期のフォレットの活動について，筆者自身の研究（三井 2009）に基づいて，新たな資料なども加えながら，足早にたどってみよう。

1898年にハーバード大学ラドクリフ校を卒業したフォレットは，1900年前後からソーシャルワーカーとしての活動を開始した。彼女の最初の仕事は，当時ボストンでも特に移民が多かったロクスベリー（Roxbury）地区で，アイルランド系移民の青年の社会教育を目的とした「ロクスベリー討論クラブ」を皮切りに，1902年にはディアボーン・スクールで児童クラブの運営に携わった[6)]。

このような活動を通じて，フォレットはのちに彼女の思想の基盤となる「近隣集団の自覚的な活動」から成立する民主主義，という構想を確立していった。当時の他の市民団体の多くが革新主義のプロパガンダのみを掲げていたのに対し，彼女は日常の小さな出来事や生活の中での問題解決に目を向け，その具体的問題から立ち上がる民主主義の実現を目指そうとしていた。このような彼女のソーシャルワーカーとしての「臨床的な体験」は，彼女の思想に色濃く反映されたと考えられる。

1918 年 9 月，ボストンに感染第二波のピークが襲ったまさにその時，フォレットの著書 *New States* は出版された。その内容についてはここでは詳しく触れないが，当時勃興してきた社会心理学を基礎として，個人の価値の統合から集団的意思の生成プロセスを論じ，民主主義のダイナミズムを描き出した本書は，この領域の研究者から大きな注目を浴びた。その証拠には，1919 年 12 月 30 日と 31 日にイサカのコーネル大学で開催された「アメリカ哲学学会第 19 回年次大会」において，「コミュニティーの性質（The Nature of the Community）」という統一テーマの下で，6 名の発表者の一人として招待されている。あいにくの悪天候とパンデミックの影響（大学による制限）により 3 名は欠席であった。その 3 名とは，ラスキ（H. Laski），パウンド（R. Pound），タフツ（J. Tafts）という，当時最高峰の政治学者達であった。パークハースト（H. Parkhurst）による当日の記録によれば，フォレットは未だパンデミックの余波が残る中で，雪の降りしきるコーネル大学を訪れ，暖炉の火が赤々と燃えるホールで，彼女の思想のエッセンスを，出席していたアーバン（W. Urban），コーヘン（Cohen）らと熱く語り合ったという（Parkhurst 1920, pp. 94–101）。その時のタイトル「コミュニティーはプロセスである」は，彼女が長年にわたって経験したボストンでのソーシャルワークの体験と，彼女の政治学，哲学，歴史学をベースとする学究の成果，さらにそれに加えて，パンデミックを体験にした彼女の思索の結晶だったのではないか，と筆者は考える。

以下，彼女の論文「コミュニティーはプロセスである」の中から，そのエッセンスが現れている部分を紹介したい。

「……コミュニティーは創造的なプロセスである。それは統合のプロセスであるから創造的なのである。ホルト（E. Holt）によって解釈され，拡張されたフロイト（S. Freud）派の心理学は，個人の統合プロセスの明快な説明をわれわれに与えている。それは，パーソナリティが‘欲求（wishes）’つまり，有機体（生物）が自ら存続しうるための行動の諸方向の統合を通じて造られることをわれわれに示したのである。フロイト派の心理学のエッセンスは，行動の二つの方向が相互に排除し合うものでも，一方が他方を抑圧するものでもないということである。そのことを単純に示せば，統合とは，吸収（absorb）でも溶解（melt）でも融合（fuse）でも，はたまた，ヘーゲル主義者がよく使う和解（reconcile）でもない，ということである」(Follett 1919, p. 576)。

ここでフォレットは，『新しい国家』で述べられた「全体と個」の考え方をさらに展開させ，コミュニティーの創造性は個人（関係による個人）の創造的な力によってもたらされることを強調した。そしてその創造的な力は，個人の「欲求の統合」により実現できるとした。つまり，コミュニティーの変動の要因は個人の創造性によりもたらされるが，その創造性は，個々人の諸欲求の統合のプロセスから生ずると考えたのである。彼女は次のように言う。

「もし，ある人が自分の組合を越え出られなければ，その時には，私達は彼の墓標に『この男は組合人間であった』（“This was a trade-union man”）と記さねばならない。そして，もしある人が自分の教会を越えられないなら，その人は教会人間である。プロセスの魂はいつも個人である。しかし個人は永遠に形式を免れている。(escape the form）……人生は一つのピラミッドではない。個人はいつも逃れ出る。そう，なぜなら，彼を支えているのは関係だからである。彼は，不断に相互形成しあう『一と多』の絶え間のない相互作用の中で，永遠に新しい関係を追い求めているのである」(Follett 1919, pp. 581–582)。

上記のことから理解されることは，フォレットがコミュニティーの原動力を「個人の関係性」，ここでは「欲求の統合」によりもたらされること，そしてそれがパーソナリティの源泉になりうると考えていた，ということである。さらに，フォレットは「コミュニティーのプロセスがパーソナリティと意思を生み出すとき，そこに自由が生ずる」と述べ，個人の統一（欲求の統合）が失われたときに，自由が失われるという。つまり，フォレットにとって，コミュニティーこそが個人の自由の源泉になるとともに，個人の自由が同時にコミュニティーの自由を実現していく，と考えていたと言える。この点は，先に触れた『新しい国家』の主張をさらに展開するものになっている。そして，この考え方は，1924年の著書 *Creative Experience*（『創造的経験』）において，彼女のユニークな社会プロセスの動態理論として展開されていくことになる。

以上，足早にフォレットの思想の特徴と経緯を示してきた。このような彼女の思想，すなわち「関係的個人による自由と民主主義」「プロセスとしてのコミュニティー」「経験の交織による社会プロセス」は，先に述べたように1918～1924年の間に公に発表され，展開された国家論，コニュニティー論，社会論であり，彼女の思想の中核にある基本的哲学であると言える。これらは，当然のことながら，第一次大戦の世界情勢に起因しており，新たな民主主義を草の根から構築していくための方途を示したものである。このような理解は，フォレットの学史研究の通説でもあった。

しかしながら，この時期に彼女の眼前にあったもう一つの状況を見逃すことはできない。それは1918～1919年にボストンで猛威を振るったパンデミックであり，世界戦争と感染に翻弄され，疲弊し，分断されたコミュニティーの姿であった。そのような状況下で，ソーシャルワーカーとして人々の痛みを実感し，現場の問題状況を臨床的立場で捉え，それを理論的枠組みで分析した人物として，改めてフォレットを捉えなおす必要があると筆者は考える。1919年のアメリカ哲学学会での報告も含めて，その後のフォレットの思想の中には，当然のことながら，このパンデミックの影響が陰に陽に現れていると推察される。それは「関係性社会の再構築」「継続するプロセスとしての社会発展」であり，個人の経験を「交織」させ，コミュニティーとしての「経験を創造する」ことであった。さらに，フォレット理論の基本概念である「状況の法則」「共にある権力」「累積的責任」「円環的反応」などの考え方には，このパンデミックの経験，すなわち，状況が刻々と変化し，上意下達の意思決定の効果が失われ，現場の責任や人々の協力が必要不可欠な状況が深く影響しているのではないか。現在のパンデミックを経験した今であればこそ，筆者はこれを確信する。しかし，この点はさらなる研究が必要であろう。

Ⅳ．むすびにかえて──「経営学史」から見える「問題」とは？──

さて，視点を現代に戻そう。今回の Covid-19 に対して経営学史の観点から光を当てるなら，どのような「問題」が浮かび上がってくるのであろうか。まず我々の目の前の具体的な経営課題としては，リモートワークに代表される働き方の変化，サプライチェーンの分断，情報ネットワークの利用拡大，それにともなう事業内容や業態の変化，新たな企業ルールやコンプライアンス等の見直し，感染症まで含めた企業のリスクマネジメントの在り方など，数え上げればきりがない。確かに，これらは実践現場の臨床的場面ではまさに深刻な問題であり，喫緊の課題であるといえるであろう。これらは，誤解を恐れずに言うならば，企業が直面した「コロナ禍」という大きな環境変化に対応して存続をはかっていくための「戦略」問題であり，そこから新たな「経営手法」を導き出そうとする意味では「戦術」問題，つまりプラクティスレベルの選択問題であり，その重要性は言うまでもない。

しかしながら，経営学史という領域，つまり「歴史」「学史」「思想」などの地平から捉えなおしてみれば，上記とは少し異なる問題が浮かび上がるのではないか。例えば，その一つは「モダン（近代）」を支えた価値の問題である。つまり，我々の生活向上にとって当然の前提とされていた「生産性・能率の向上」「経済合理性の追求」「個人競争による自由と平等の実現」などは，今後の社会でも通用し続けるのか。それとも，このコロナ禍を契機として変容するのか。そしてその先にあるのは，いわゆる「ポスト・モダン（脱近代）と呼ぶ，モダンの価値を否定した形で表れてくるものなのだろうか。

今一つは，上記に含まれるかもしれないが，「科学技術と人間」をめぐる問題である。つまり，従来は人間の幸せ向上のための「手段」であったはずの科学技術が，必ずしもそのような結果をもたらすものではないかもしれない，という不安が世界を覆い始めている。原発や核兵器のみならず，人間工学や生命科学，そして最先端の AI に至るまで，その「存在の意味」はどこにあるのか，それを問う時代が到来しているように思われる。

最後の一つは「人と自然」「人と社会」「人と人」をめぐる「関係性」の問題であると思う。これらは，従来は切り離されて考えられることが多かった。しかしながら，今回のコロナ禍が我々の前に見せてくれた様相は，まさにこれらの結びついたところに問題が生じてくる，という事実であった。これらは，相互に結びついているという「当然の事実」を我々が見失っていた，というべきなのかもしれないが。

21 世紀前半の 20 年を振り返れば，10 年ごとに世界を揺るがす大きな危機が生じている。2001 年 9 月 11 日のアメリカにおける同時多発テロ，2011 年 3 月 11 日の東日本大震災とそれに伴う福島第一原子力発電所の事故，そして今回の Covid-19 である。これらは，それぞれ，「多元的社会の危機」「自然災害の脅威と科学技術神話の崩壊」「ウイルスの人体と社会への侵入」として，我々の目の前に現れてきた。しかし，これらの異なるように見える現象に通底する大きな問題が存在しているのではないか。それを見据えるところに，経営学史の真骨頂があるように思われる。

「明日は昨日までと同じではない」という事実を知った今こそ，われわれはこの「時代の問題」に真正面から向かう必要があるように思われる。経営学史のパースペクティブ，すなわち「メタに立つ視点」こそ，この「時代の問題」を見通しうる一つの基盤を提供するものである，と筆者は確信する。

注

1） この節の記述は，三井（2009）に基づき，加筆・修正したものである。

2） 本節の内容に関しては，三井（2021）に基づき，加筆・修正したものである。

3） 本節の記述については，以下を参考にした。Influenza Encyclopedia（https://www.influenzaarchive.org/about.html, 2021 年 11 月 22 日閲覧）および，アルフレッド・W. クロスビー（西村秀一訳）（2004）を参考にした。尚，本書は歴史上の専門用語も多用されているため，誤解のなきよう，訳書を使用した。

4） この時期は戦死者も多いため，実際のパンデミックによる死者数は推定にすぎない。

5）任地から別の任地に赴くための船員が利用する宿泊や食事のための船舶であり，平均1日3,700名，多い時には7,000名が利用したという。

6）1910年のUS Censusの報告書によれば，Roxbury地区を構成する主要WardであるWard 17，18，19，21，22の人口は141,361人でそのうち51,510人（36.4%）を移民が占めていた。中でもアイルランド系移民の移民全体に占める割合が31.2%と他地区に比べて高かった。

参考文献

Follett, M. P.（1918），*The New State: Group Organization the Solution of Popular Government*, Longmans, Green.

Follett, M. P.（1919），"Community is a Process," *Philosophical Review*, XXVIII.

Follett, M. P.（1924），*Creative Experience*, Longmans, Green（Reprinted 1951 New York, Peter Smith）.

Parkhurst, H. H.（1920），"The Nineteenth Annual Meeting of the American Philosophical Association," *The Journal of Philosophy, Psychology and Scientific Methods*, Vol. 17, No. 4.

Wolf, W. B. and Iino, H.（ed.）（1986），*Philosophy for Managers: Selected Papers of Chester I. Barnard*, Bunshindo Publishing Co., LTD.（飯野春樹監訳／日本バーナード協会訳『経営者の哲学――バーナード論文集――』文眞堂，1986年。）

クロスビー，アルフレッド・W. 著／西村秀一訳（2004）『史上最悪のインフルエンザ――忘れられたパンデミック――』みすず書房。

三井泉（2009）『社会的ネットワーキング論の源流――M. P. フォレットの思想――』文眞堂。

三井泉（2021）「M. P. フォレットの「交織」概念の可能性――Covid-19以降の新たな社会の創造へ向けて――」関東学院大学経済経営学会『経済系』第282集。

2　資本主義の再構築と利害多元的企業統治モデル
――シュタインマン・フリーマン・ドラッカー経営学説の現代的意義――

風　間　信　隆

Ⅰ．はじめに――株主資本主義の限界と資本主義の再構築――

新型コロナ・ウイルス（COVID-19）のパンデミックにより深刻な経済危機・社会危機が世界を襲っている。とりわけ，この危機の中で，資産を持つものと持たざるものとの資産格差，高額の報酬を受け取る経営者と一般の労働者との所得格差，引いては社会の分断はこれまで以上に拡がり，社会を不安定化させかねないほどまで事態を深刻化させている。

すでに2019年8月，米国主要企業の経営者団体であるビジネス円卓会議（Business Roundtable）は，これまでの「株主優先主義」を見直し，会社が幅広い利害関係者（stakeholders）に配慮した経営を行うことを推奨する声明を発表した。声明では会社の目的が株主だけではなく，顧客，従業員，取引先，地域社会といった多様な利害関係者に配慮する必要があることを強調し，「会社は株主のために存在する」という伝統的な考え方は今日の企業社会の実態にそぐわなくなったとして，これまでの「株主価値重視」の企業統治（corporate governance）の見直しを表明するに至った。米国社会の社会的格差・分断が深まり，環境破壊が拡がる中で，持続可能な企業社会に対する危機意識がこの声明の背後にあると言われている（『日本経済新聞』2019年8月21日）。また2020年4月には世界経済フォーラム（World Economic Forum）も「コロナ時代のステークホルダー方針」を発表している。同フォーラムのクラウス・シュワブ（Klaus Schwab）は「会社が株主のための短期的利益を最適化しようとするのではなく，あらゆる利害関係者のニーズそして社会全体を考慮に入れながら，長期的な価値創造を目指す資本主義の」一形態である「利害関係者資本主義（Stakeholder Capitalism）」を提唱している[1)]。しかし，これらはいずれも経営者の理念の表明に止まっており，これをどのように企業経営において制度的に規律づけるのかという視点を欠いている点で大きな問題を残している。

こうした資本主義の限界を克服して，これを再構築しようとする動きの背景は，基本的に従来の株主一元的な企業統治モデルの経営実践【「株主重視経営」(Shareholder Management)】とそれに伴う諸矛盾の拡大に関わっている。従来，米国では，経済学や法学を中心として，1) 株主は会社に対する支配権を持つべきである，2) 経営者は株主利益のみに奉仕する受託者責任を有している，3) 企業の目的は株主のために利潤を最大化することにあると考えられてきた（Boatright 2013, p. 72)。これは基本的に古典的な資本主義的企業秩序（Unternehmensordnung）モデルとも呼ぶことができる（Steinmann/Gerum 1990, S. 207f.)。すなわち，このモデルによれば，生産手段の私的所有と経済活動の自由が保障される経済において利潤獲得動機の下で自分の財産をリスクに晒す企業家こそが企業の全ての経済的決定を支配し，その決定結果を利潤（または損失）という形で享受（または負担）するとされてきた。すなわち，生産手段の私的所有を通じて所有者＝企業家による事業リスク負担・事業の支配・事業利益獲得の一体性（自由主義的企業秩序の基本原則）を確保することが，結局は市場を通じた利害調整により全ての市場参加者の効用を満足させることになるものと考えられた（Steinmann/Gerum 1990, S. 226f.)。英国のデ・マンデビル（De Madeville）の「私人の悪徳は公共のためになる」という主張は，個人の盲目的かつ貪欲な利潤追求が「見えざる手」に導かれて公益を促進することになるのだとする（Drucker 1974, p. 815)。こうした新自由主義の「市場万能主義」が1980年代以降，アングロサクソン諸国で高まるとともに，さらにグローバリゼーションの進展とともに世界を席巻していった。同時に経済の金融化・ファンド化と絡んで機関投資家が株式市場において存在感を高め，「株主価値重視経営」を迫ることにもなった。ここに資本主義の限界を認める場合に，株主をも含む多様な利害関係者の利害に配慮し，経営者への監視・監督・助言のための制度的仕組みを企業経営に組み込む必要がある。つまり，資本主義の再構築のために巨大株式会社の戦略・行動を変えて持続可能な経営を目指す「利害多元的企業統治（multi-stakeholder governance)」を構想し，これを具体化することが求められている。

この利害多元的企業統治モデルは「利害関係者志向経営（Managing for Stakeholders)」とも呼びうるものであり，前述した命題と対比して言えば，以下の3つの命題を掲げることができる[2)]。すなわち，1）全ての利害関係者が自分の利害に影響を及ぼす会社の決定には参加する権利がある，あるいは発言の機会を与えられる制度的仕組みを持っている，2）経営者は株主の利害だけではなく全ての利害関係者の利害（あるいは社会の繁栄）に奉仕する社会受託者責任を有している，3）企業の目的は株主だけの利益ではなく，全ての利益の促進（会社と社会の繁栄）であるべきである（Boatright 2013, p. 72, 一部加筆修正)。

こうした利害多元的企業統治モデルとして，本報告では，ドイツと米国において1970年代から80年代にかけて展開された3つの経営学説[3)]を取り上げ，それを資本主義再構築への視野の広さという視点から順番にその研究を紹介し，その現代的意義を再評価することを目指す。すなわち，1）シュタインマン（Horst Steinmann）とその門下のゲルム（E. Gerum）の「企業秩序（Unternehmensordnung)」の研究（1983），2）エバン（W. M. Evan）とフリーマン（R. E. Freeman）の「現代株式会社の利害関係者論：カント資本主義」の研究（1988），3）ピーター・ドラッカー（Peter F. Drucker）の『マネジメント』（1974）を取り上げ，これらの研究を，我が国における豊富な先行研究の蓄積にも依拠しつつ，利害多元的統治モデルの展開という観点から考察し，こうしたトップ・マネジメント改革を通じて企業の決定や行動，とくに価値生産と価値分配のあり方を変えることで，利害関係者の諸利害に配慮した資本主義の再構築につながる可能性を検討するものである。

Ⅱ．シュタインマン＝ゲルムの 利害多元的企業統治モデルの展開

企業体制（企業秩序）とは，シュタインマンらによれば，一定の経済秩序の下で秩序付けられ，企業に関わる利害関係者の諸利害の対立を調整し，規律づける制度的措置の体系である。その基本問題は，1）誰のために企業は経営されるべきなのか（利害一元的か，二元的か，あるいは多元的か），2）その利害を実現するためにどのような会社機関構造が必要であり，そこでの効率的かつ公正な意思決定とそのコントロールのためにどのような権限の配分，情報提供が求められるのかが中心的課題となる（Steinmann/Gerum 1990, S. 209）。

1．利害多元的企業体制と4つの体制構成的利益

シュタインマンらによれば，企業活動を秩序づける利害関係者（Interessengruppe）として，経済過程の「発生的・歴史的」考察に基づいて，消費者（最終消費者），労働者（生産者），資本（持分）所有者そして公共の利害が識別可能であり，こうした利害調整のあり方が企業体制を規定する（Steinmann/Gerum 1990, S. 210）。

今日でも会社法の規制は資本所有者利害のみを最大化する利害一元的企業秩序に基づいており，法的に所有者の利害，さらにはその調整と実現だけが顧慮されてきた。また経済学でも資本所有者のみが企業の目標と政策を決めるという企業契約モデルにみられるように，この「経済自由主義の社会モデル」では，市民が自由に自己の経済的利益だけを追求しているうちに，市場でそれぞれの利害が相互に平準化されるとみなされる。シュタインマンらによれば，こうした考え方は人間社会内部に権力と支配の集中が存在しないこと，国家が経済と社会に直接介入しないこと（「夜警国家（Nachtwächterstaat）」の思想）を前提としている。

こうした利害一元的な資本主義的企業秩序は，その後の経済発展過程を通じて利害多元的企業秩序に転換することとなった。それは消費者の利害を

保護する消費者保護政策の展開，労働者の利害を保護するための労働法の展開に結びついている。また現代の株式会社では「所有と支配の分離（die Trennung von Eigentum und Verfügngsgewalt）」の下で経営者の専門職業化（Professionalisierung）と株主の無機能化が進展しており，「経営者の権限が（所有権によってではなく──引用者）その職業的能力によって与えられるようになると，所有権は正当性の基盤としての力を失ってくる」（Steinmann/Gerum 1990, S. 234）。また公共の利益という点でも1969年の開示法（Publizitätsgesetz）の制定に表れているように，ディスクロージャー規制はますます株主だけではなく様々な利害関係者に関わる情報の開示も求められるようになっており，環境保護規制も強化されてきた。さらにはドイツでは，利害二元的企業秩序の展開として共同決定法の法制化により従業員代表，管理者代表，労働組合代表の参加が実現されてきた。

こうした経済過程の発展が示すことは，企業が利害多元的存在であり，この企業体制を構成する4つの利害関係者の諸利害の対立を調整・克服することが企業の発展のためには必要不可欠となっているものとシュタインマンらは捉えている。

2.「ダボス宣言」と「経営者の社会的責任」批判

伝統的な企業秩序への批判が高まる中で，経営者自身が利害一元的企業秩序の限界を認識し，利害多元的企業秩序への転換を提唱する動きとして，シュタインマンらが取り上げて批判的に検討しているのが，1973年の第3回欧州経営者シンポジウム（das 3. Europäische Management Symposium）で採択された「ダボス宣言（Davoser Manifest）」であった。ここでは経営者の社会的責任（die gesellschaftliche Verantwortung der Unternehmensführung）として，顧客，従業員，資金提供者そして社会に奉仕し，その対立する利害を調整することが主張されている。同時に，顧客，従業員，資金提供者そして社会に対する経営者の奉仕は企業の存続が長期的に保証される場合にのみ可能であり，このためには十分な企業利潤が必要となる。しかし，企業利潤は必要な手段であるが，経営者の最終目的ではないとされる（Steinmann/Gerum 1990, S. 283f.）。

万仲修一（2001）によれば，シュタインマンらは，「ダボス宣言」における経営者の社会的責任の理念を「疑似規範的空虚な定式」として批判し，「既存の権力構造とその維持に必要な措置を正当化し，権力の遂行や濫用の社会的結果を隠ぺいすることによって，特定のイデオロギーを擁護することになりかねない」（同書，32頁）と厳しく批判している。シュタインマンらが強調するのは，確かにこれが経営者の社会的倫理観に訴えて出資者一元的企業秩序の変革の必要性を提起しているものの，そこから企業秩序の制度的改革についての提言を導くまでには至っていない点であり，こうした多元的利害の対立の「合理的同意」ないし「合意」を目指す企業秩序の制度改革が必要とされるのである（同書，35頁）。

ここでシュタインマンらによって，利害多元的企業統治改革をめぐる「暫定的な結論」としては，①企業統治は，出資者の利益のみならず，労働者，消費者および公共の各利益に対しても適切な制度的措置によって発言の機会を提供するものでなければならない。②この発言の機会は少なくとも出資者，労働者および公共の諸利益については，企業の業績と機能についての戦略的決定が行われる場所にそれらの利害代表を参加させるという形で保障されるべきである[4)]。④戦略決定の場所での経営者と利害関係者の関係は，企業の業績に対する責任を公式の経営管理の機関としての執行役会に，そして企業の機能に対する責任を利害関係者の利害代表としての監査役会にそれぞれ付与するというように，二元的システムとして組織されるべきである。⑤最高経営者は企業計画を提示し，監査役会と議論するように義務付けられるべきである。⑥監査役会への利害代表はどのように構成され，どのようにその投票権が配分されるべきかについての重要な問題が残っているとして，この点では具体的提案はなされていない（以上は，万仲 2001，40-41頁を一部省略・用語を変えて引用）。

3．企業体制改革と企業倫理による補完

シュタインマンらは，利害多元的な企業体制の下で4つの利害関係者の利害の対立を規制する制度的枠組みの必要性の観点から企業体制改革を論じ，第1の企業体制の基本問題と絡めて大企業を中心とした利害多元的企業秩序

の再編成が提案される。また第2の企業体制の基本問題と関連して，利害代表機関と業務執行機関との関係から3つのモデルが論じられる。すなわち，1) 利害代表機関を業務執行機関と統合する統合モデル（アングロサクソン系の取締役会制度），2) 両機関を分離する（ドイツの伝統的な監査役会制度）という分離モデル，そして3) 古典的な監査役会モデルにおいて想定されている以上に（「同意義務のある業務」の規定を通じて）利害代表機関が業務執行に制度的に関与していく協力モデルがそれである。ここでは，各種利害代表から構成され，業務執行の監視・監督・助言を行う監査役会と経営戦略の策定・決定・実行を担う執行役会とが「同意義務ある業務」規定の拡大を通して企業の存続と発展（「企業の利益」の実現）にともに協力していく利害多元的企業統治モデルの展開の必要性が明らかにされている。

しかし，その後，シュタインマンらは，こうした利害関係者の諸利害の「一般化可能な継続的対立を解決すべく構築される制度的措置」具体化の限界を認識する中で，この企業体制を補完する役割を果たす，「一般化されえないその時々の対立の解決」に向けられる企業倫理（Unternehmensethik）の重要性を強調することになっていった（万仲 2004，118頁）。

Ⅲ．エバン＝フリーマンの利害関係者志向の多元的企業統治モデル[5]

1．現代株式会社と専門経営者に対する外部規制

エバン＝フリーマンによれば，米国内では法的議論でも経済的議論でも経営者の「株主受託者責任」と財産権に一定の制約を課してきた。確かに米国会社法は，株式会社の統治において株主のために運営されるべきだとして株主受託者責任を明確に規定しており，そうした責任を果たさない経営者に対して株主代表訴訟を起こすことができる。しかし，同時に法律は企業に対する株主以外の他の請求権者を犠牲にした株主利益の追求に効果的に歯止めをかけようと法律上の進化を遂げてきたものと捉えられている。一方，「経営者資本主義（managerial capitalism）[6]」は株主利益を極大化しようとし，「最大多数の最大幸福」をもたらす市場の「見えざる手」教義を信奉し，政府の

規制・介入の極小化を支持するものとエバン＝フリーマンは捉えている。しかし，この経済的論議においても水や大気といった「公共財」でしばしば発現する負の外部性が「共有地の悲劇」問題や「ただ乗り」問題をもたらし，1970年代に環境規制が強化されるところとなった。

2．企業の利害関係者理論と利害関係者概念

ドイツの哲学者として有名なカント（Immanuel Kant）の思想に依拠して，エバン＝フリーマンは，全ての人間は目的に対する手段として扱われてはならず，その意味で各個人は何らかの会社の目標の手段としてではなく，目的それ自体として扱われる権利を有するものと主張する。そしてもし現代の株式会社が他者を目的に対する手段として扱うと主張するのであれば，最低限，彼らがそのことに同意していなければならないし，そうした扱いを受ける決定には主体的に参加（もしくは不参加の意思を表明）しなければならない。

エバン＝フリーマンによれば，「財産権は他者を目的に対する手段として扱う権利を持たない。財産権は個人の尊厳を重視するカントの原理を無視するライセンスではない。我々が考える道徳的判断と整合的な現代株式会社のどんな理論も財産権は絶対的なものではないと認識しなければならない」(Evan and Freeman 1988, p. 100)。

そこで株式会社の正当性を問う議論において，会社の行為の結果については責任を有し，またその結果については説明責任を有しているという視点からすると，会社の権利原理（Principle of Corporate Rights：PCR）と会社の影響原理（Principle of Corporate Effects：PCE）が利害関係者理論の基礎となる。前者のPCRとは「会社と経営者は自らの将来を決定するために他者の正当な権利を侵害してはならない」とするものである一方，後者のPCEは「会社と経営者は自らの行為が他人に及ぼす影響に責任を有している」とする（Evan and Freeman 1988, p. 100)。

利害関係者は会社の行為によって正ないし負の影響を受けるとともに，その権利が侵害されてはならず，尊重されなければならない集団と個人であり，PCRとPCEの観点から，株主だけではなく，他の利害関係者も同じよ

うに自分自身の請求権（claim）ないし利害（stake）を有している。こうした利害関係者には狭義には会社の存続にとって決定的に重要な集団あるいは会社の価値創造に直接関わっている集団であり，広義には会社に影響を及ぼし，会社によって影響を受ける集団ないし個人が含まれている。

こうして，企業経営はその活動に利害を有する集団と企業との一連の価値共創（value co-creation）の場と理解されうる。企業経営は，顧客，サプライヤー，従業員，資本提供者（株主，債権者，銀行など），コミュニティそして経営者が，いかに相互作用し，いかに価値を共に創造するのかに関わっている（Freeman 2007, p. 63）。

フリーマンによれば，「株式会社は，まさにそれによって利害関係者が相互の価値を創造するための共同的かつ協働的な事業に従事するための手段なのである。資本主義は，……第一義的に，技術革新，価値創造，ならびに交換の協働的な体制なのである。まさにそれは，私たちがこれまでに発明した，最も強力な社会的協働の方法なのである。競争は二次的なものであり，イノベーションを加速させる創発特性に相当する。この『利害関係者資本主義』の見解においては，企業は革新的であり，共に価値創造することを，人々が望むがゆえに活動するのであり，単に競争的であるがゆえではない」（フリーマンほか 2010，6-7 頁）。

3．利害関係者志向経営と経営者の役割

こうして，利害関係者志向経営において会社は利害関係者の価値を創造する手段と理解されることになるが，こうしたしばしば対立する各種利害関係者の諸利害を調整し，「会社それ自体の繁栄（welfare of the abstract entity）」を守る責任を果たすのが経営者となる。

さらにこうした理解に立って利害関係者志向経営を実践するために前述したPCRとPCEの原則に基づいて2つの基本原則が提示される（Evan and Freeman 1988, p. 103）。

第1原則（会社の正当性原則）：会社はその利害関係者，すなわち，その顧客，納入業者，所有者，従業員，そして地域社会のために経営されねばならない。こうした集団は自分たちの福利（welfare）に影響を及ぼす決定に

参加しなければならない。

第２原則（利害関係者受託者責任原則）：経営者は利害関係者と抽象的実体としての会社とに対して受託者責任を有している。経営者はその代理人として利害関係者の利益のために行為しなければならず，企業の存続を保証し，各集団の長期的な利益を守るために会社のために行為しなければならない。

前者の第１原則は，会社の影響と権利の原則に即して株主主権論が当然と考える株主のための利潤最大化という企業目的を再定義しようとするものであり，利害関係者の請求権の正当性に基づいて全ての利害関係者ための価値創造の最大化が企業目的として提出される。同時に利害関係者は自分の福利に影響を及ぼす決定には参加すべきであるという奪うことのできない権利を有している。

後者の第２原則は，各種利害関係者の請求権を認識する経営者の義務を示すものである。こうした請求権は利害関係者間で対立するであろうがゆえに全ての利害関係者のあらゆる請求権を満足させることは可能でないが，そうした場合に会社それ自体の長期的な最善の利益に立って行動するように，経営者は義務付けられる（Evan and Freeman 1988, p. 104）。

４．利害関係者志向経営と企業統治改革の制度化構想

上記の２つの原則を経営実践において実現するうえで，エバン＝フリーマンが提案している企業統治の制度化として，「利害関係者取締役会（the stakeholder board of directors）」がある。ここでは一定規模を有する全ての会社は，従業員，顧客，納入業者，株主そして地域社会の５つの利害関係者から選出される代表者と「会社それ自体」という抽象的実在に責任を有する「法人代表取締役」（a metaphysical director[7]）とから構成される。こうした取締役はその利害関係者の諸利害と調和しながら会社業務を経営するように配慮する義務を有している。この「法廷」の機能を果たす取締役会を通して，ある特定の集団の利益のために不当に他の集団や会社自体の利益が脅かされないことを保証し，さらに各取締役に全ての利害関係者に配慮する義務を授けることでコンフリクトの積極的な解決策が生み出されることが期待

されている。またこの点で現在制度化されている「株主代表訴訟」を他の利害関係者にも拡大した「利害関係者代表訴訟」も会社法改正の下で視野に入るとされる。

しかし，その後，フリーマンは研究の関心を企業統治から企業倫理（Business Ethics）に移行させ，「利害関係者資本主義」の実践において経営者の倫理的リーダーシップに期待を寄せるところとなり，こうした企業統治改革の制度化構想の具体化・精緻化はなされなかった。

Ⅳ．ドラッカーのマネジメント論と多元的企業統治モデル

1．「組織社会」と専門経営者権力の正当性

ドラッカーは，現代の「組織社会」において，企業だけではなく，学校，病院など多元的な大規模組織が社会で果たす役割に焦点を当てて，マネジメントの課題と責任，実践を論じている。ここでのマネジメントは機関であり，機能であり，知識（学問）とされる。この多元的組織社会の中で，企業は，社会の制度として，私的存在でありながら公的存在にもなっている事実に注目しつつ，社会の富の創出に決定的な役割を果たしていることが強調される。企業の経営者は「専門職業化」し，「所有」ではなく「知識」に基づいて企業の支配権を握っており，マネジメントが社会のリーダー的階層を形成している。ここでの企業は社会の機関ないし制度であり，社会のニーズ，個人のニーズを充足させ，社会の富を増大させる。

ここで求められるのはマネジメントがその機能を果たすうえで決定的に重要となる正当性（legitimacy）の確保である。ドラッカーによれば，マネジメントは，「社会と経済のために，コミュニティのためにそして個人のために等しく業績を上げさせること」（Drucker 1974, p. 814）によってその正当性を持つが，さらにテクノクラシー（technocracy）を越えて組織それ自体の本性に道徳律の根拠をおくこともマネジメントの正当性を担保するうえで強調されている。つまり，マネジメントが権限を行使できるのは「人間の強みを生産的にすること」だからである。「組織は，人間が個人として，コミュニティの成員として社会に貢献し，何事かを達成するための手段」なの

である。この基盤をなしている原理は「私人の悪徳は公共のためになる」ではなく,「個人の強みは社会のためになる」なのであり,ここに経営者の権限行使の基盤,正当化の基盤が認められるとする (Drucker 1974, p. 816)。

企業の目的は「顧客の創造」であり,社会(各種利害関係者)の期待に応える事業活動の結果として生まれる利益は企業の存続条件をなす。マネジメントは,経済的財とサービスを提供することで「未来の費用」を賄える利潤を上げる業績だけではなく,「組織の道徳的責任,すなわち個人の強みを生産的かつ成果達成的にする責任」(Drucker 1974, p. 816) を果たすことが求められる。こうした企業の経済的・社会的業績と経営者の業績を審査する監督機関の必要性はドラッカーの『マネジメント』においても強調されている。

2．取締役会の無機能化と活性化の必要性

ドラッカーによれば,トップ・マネジメントを監督し,それに助言を与え,その決定を審査し,トップ経営者を任命する機関はその名称は国により異なるものの,あらゆる取締役会に共通しているのはそれが「虚構」と化し,機能不全に陥っている点である[8)]。その理由は,企業の大規模化と共に進んだ株式の大衆化によって,株主は企業と運命を共にする「所有者」ではなく単なる投資家になり,「取締役会がもはや所有者の代表ではなくなっている」ことにある (Drucker 1974, p. 637)。さらに経営者自身が真に効果的で強力な取締役会を望んでおらず,そうした取締役会が自らの決定や行動を束縛し,制約を課し,「経営権」を侵害するかのように捉え,「脅威」と見なしていたからでもある。しかし,こうした無機能化した取締役会では社会の批判は高まり,企業にとって経営者権力の正当性が失われる危険があり,その点で効果的で強力な取締役会が必要不可欠になっている。

3．エグゼクティブ・ボードと公共・コミュニティ関係役員会の必要性

こうした効果的で機能的な取締役会は,1) 経営者に助言し,協議し,経営者の行動に制約を課す機能,2) 無能な経営者を排除する機能,そして3) 公共・コミュニティ関係機能という3つの課題を果たせねばならない。

ドラッカーによればこの機能を果たす上で，異種の２つの機関，一つは「エグゼクティブ・ボード（the executive board：経営者の相談相手，審査機関，良心，顧問，助言者）」，もう一つは「公共・コミュニティ関係ボード（the public and community-relations board：多様な利害関係者の窓口になるコミュニケーション機関[9]）」（Drucker 1974, pp. 639-642）が必要不可欠と捉えている。このうちエグゼクティブ・ボードについては，有能で，この仕事に十分な時間を充てることができる，常勤での，社外の，独立した「専門職業としての取締役」を必要としているものの，「公共・コミュニティ関係」ボードの組織化については明確な結論が出ていないとドラッカーは述べている（Drucker 1974, p. 644）。

ドラッカーは利害関係者が直接その代表を取締役会に送り込むこと（例えば，ドイツの労働組合の代表，スウェーデンの政府による取締役の任命，あるいは米国のマイノリティ代表の選出）には否定的であり，このことによって取締役会が政治的・党派的な対決の場になってしまい，企業の成長を危うくするものと捉えている。「統治機関としての取締役会は，企業の基本的に長期の利益以外を代表してはならない」（Drucker 1974, p. 642）のであり，企業それ自体の長期的存続が最優先とされる。ドラッカーは企業業績の向上によって各種利害関係者の利害充足の可能性と必要性を見出しているのである。シュタインマンやフリーマンとは異なり，直接，個別の利害関係者代表が取締役会に参加するというより，取締役会や経営者自身が各種利害関係者との対話を通じてこうした利害関係者の各種利害を企業自体の存続・繁栄という視点から調整しながら充足させることを目指しており，この点でドラッカーの考え方も多元的企業統治モデルと見なすことができる。同時にドラッカー自身がリーダーの要件として「高潔さ（integrity）」を強調し，「知りながら害をなすな！」という専門職業人としての責任倫理を強調していることも見逃されえない（Drucker 1974, p. 379）。

V．むすびに

以上の３つの学説は，いずれも企業を社会の制度ないし機関と見なし，企業は何よりも社会のために存在し，会社機関の構成員の責任として株主だけではなく広く「社会受託者責任（social stewardship）」を果たし，またさまざまな利害関係者との対話の中でその利害に配慮した経営を行う必要性を強調している点で共通している。またシュタインマンとフリーマンはこうした利害関係者の代表が監査役会ないし取締役会に直接参加することで経営者の意思決定に関与することの重要性を評価していた。ドラッカー自身も取締役会の中に「公共・コミュニティ関係ボード」を設置することで各種利害関係者の利害を組み込む装置の必要性を強調していた。同時にいずれの理論も企業倫理ないし責任倫理の相即的展開の必要性が強調されている点も注目すべきである[10)]。本報告で取り上げた利害多元的企業統治モデルは，米国でも2018年8月に民主党左派のウォーレン（Elizabeth Warren）上院議員によって議会上院に提出された「責任ある資本主義法（Accountable Capitalism Act)」の理論的基盤にもなっている点で評価されるべきと思われる。同法案は，1) Patagonia等などで実践されている，BCモデル（Benefit Corporation Model）を年間売上高10億ドル以上のC-Corporation（法人格を有する株式会社）にも拡大すること，2) 従業員，顧客，株主および会社が存在するコミュニティを含む全ての企業の利害関係者の利益を会社の取締役が考慮することを義務付ける連邦憲章（Federal Charter）を商務省において取得すること（「米国会社（the US Corporation」登記），3) 取締役，執行役の社会に対する受託者責任の明確化，4) ドイツの共同決定構想に依拠して，取締役会の40%以上は従業員が選出することなどを目指すものであった[11)]。ここに資本主義の再構築を目指す利害多元的企業統治モデルの具体的展開を認めることができる。

注

1）同フォーラムHPを参照せよ。URL：What is stakeholder capitalism? It's History and Relevance (World Economic Forum〔weforum.org〕)（最終参照年月日：2021年3月5日）。

2）ボートライト自身は株主志向経営と利害関係者志向経営とに企業統治モデルを区別しながら，利害関係者志向経営を否定し，株主受託者責任の正当性を主張する。会社は「富の創出機関」であって「富の分配機関」ではないのであり，経営者はそうした能力を持たないと主張する（Boatright 2013）。

3）これら3つの研究はいずれも訳書があり，同時にここでは紙幅の関係上挙げることができなかった多くの先行研究が我が国で蓄積されており，本報告もこれを参考にしてきた。シュタインマンらは「社会的市場経済」，フリーマンは「利害関係者資本主義」，そしてドラッカーは「知識資本主義」とされる。

4）　これは「モンタン共同決定」モデルに他ならない。詳しくは風間（2012）を参照されたい。

5）　このエバン＝フリーマンの議論については風間（2020）に詳しい。

6）　フリーマンは「経営者資本主義」を自由放任ないし株主資本主義と捉えている（フリーマンほか 2010，25 頁）。

7）　直訳的には「形至上学的取締役」となるが，これが抽象的な「会社それ自体」の利害を代表するという意味で「法人代表取締役」と訳した。エバン＝フリーマンによれば，利害関係者代表の全員一致で選ばれる「法人代表取締役」の任務はとくに重要であるとされる。

8）　ドラッカーによれば「取締役会（ないし監査役会――ドイツ）の衰退は，今世紀における普遍的な現象」（Drucker 1974, p. 416）であり，「法的虚構」と化しているものの，この取締役会を活性化することが必要不可欠であると主張する。

9）　この機関に利害代表者との対話を通じてその各種利害を経営に反映する必要性はドラッカーも認識しているものの，だれをどのようにして選出するのか，の具体的提案がなされていない。しかし，筆者の理解によれば，ドラッカーの構想はフリーマンらが指摘している「利害関係者諮問委員会（the stakeholder advisory board）」（Evan and Freeman 1988, p. 143）と近いものと考えられる。

10）　しかし，同時にシュタインマンとフリーマンが「社会的（コミュニケーション）合理性」を強調する一方，ドラッカーは経済的合理性と社会的合理性の総合を目指す点で異なっている。本報告では紙幅の関係上十分論じることはできなかった。

11）「責任ある資本主義」法案についてはウォーレン上院議員のホームページを参照した（Accountable Capitalism Act One-Pager.pdf (senate.gov)（最終参照年月日：2021 年 2 月 11 日）。その主張は同じく民主党内の大統領候補を争ったサンダース（Bernie Sanders）上院議員も提唱していた。

参考文献

Boatright, J. R. (2013), "What's Wrong-and What's Right- with Stakeholder Management," in Arnold, D., Beauchamp, T. and Bowie, N., *Ethical Theory and Business*, 9th Edition, Pearson.

Drucker, P. F. (1974), *Management, Tasks, Responsibilities, Practices*, Routledge.（本文では Drucker 1974 と略す。）ドラッカー・P. F. 著／野田一夫・村上恒夫監訳『マネジメント――課題・責任・実践――（上・下）』ダイヤモンド社，1974 年。なおこれには日経 BP 社から全 4 巻（有賀裕子訳）からなる訳書が 2008 年に刊行されている。またこれをベースにまとめた書物にドラッカー・P. F.『エッセンシャル版　マネジメント――基本と原則――』ダイヤモンド社，2001 年がある。

Evan, W. M. and Freeman, R. E. (1988), "A Stakeholder Theory of the Modern Corporation: Kantian Capitalism," in Moon, J., Orlitzky, M. and Whelan, G. (2010) (eds.), *Corporate Governance and Business Ethics*, Edward Elgar Publishing.

Freeman, R. E. (2007), "Managing for Stakeholders," in Arnold, D., Beauchamp, T. and Bowie, N., *op.cit.*

Steinmann, H./Gerum, E. (1990), Unternehmensordnung, in Bea/Dichtl/Schweizer, *Allgemeine Betriebswirtschftslehre, Bd. 1: Grundfragen*, 5. Auflage, Gustav-Fischer, SS. 207-300.（本文では Steinman 1990 と略す。）初版は 1983 年に出版されているが，本稿では 1990 年に出版さ

れた第5版に依拠している。翻訳は，ベア，F. X.，ディヒテル，E. &シュヴァイツァー，M.／小林哲夫・森昭夫編著『一般経営経済学　第1巻　基本問題』森山書店，1998年，88-133頁（本文ではシュタインマン 1998，翻訳書と略す）。

風間信隆（2012）「グローバル化の進展とドイツ的企業統治システムの進化――株主価値重視経営からの脱却と共同決定の現代的意義――」日本経営学会編『リーマン・ショック後の企業経営と経営学』第82集，39-51頁。

風間信隆（2020）「企業統治論の基本問題」百田義治編緒『現代経営学の基本問題』中央経済社，第2章所収。

ビーチャム，トム･L. &ボウイ，ノーマン･E. 著／加藤尚武監訳（2005）『企業倫理学1』晃洋書房。

フリーマン，R. E. ほか著／中村瑞穂訳者代表（2010）『利害関係者志向の経営』白桃書房。

万仲脩一（2001）『企業体制論――シュタインマン学派の学説――』白桃書房。

万仲脩一（2004）『企業倫理学――シュタインマン学派の学説――』西日本法規出版。

3　市場課題解決装置としての企業から社会課題解決装置としての企業へ[1)]

小　山　嚴　也

Ⅰ．はじめに

SDGsの認知率向上とともに，社会的にサステナビリティ（持続可能性）への関心が高まっている。こうした動向に加えて，市場縮小による企業それ自体のサステナビリティへの関心の高まりから，サステナブルな企業活動が求められるようになってきている。他方で，コロナ禍により，社会環境，ビジネス環境が激変し，企業活動もまた大きな影響を受けている。企業活動，さらには企業のあり方自体が今まさに変わろうとしている。

本稿では，サステナビリティ時代において企業活動がどう変化しているのか，コロナ禍はそのことにどう影響を与えているのかについて明らかにしていく。具体的には，経営実践を踏まえた経営理論の発展とその裏面にあたるCSR（企業の社会的責任）活動を踏まえたCSR論の展開に注目し，サステナビリティ時代におけるコロナ禍で企業の活動がどのように変化しているのかについて検討する。

以下，Ⅱでは，製造と販売の両面から，経営実践を踏まえた経営理論発展の歴史，いわば企業活動の正の側面を概観する。Ⅲでは，経済発展にともない顕著になった企業活動の負の側面に焦点を当てたCSRを巡る議論の展開を見ていく。Ⅳでは，近年浸透しているサステナビリティという考え方に基づく企業活動の変化とそのことへのコロナ禍の影響について取り上げる。Ⅴでは，結論と今後の課題について提示する。

Ⅱ．経営理論の展開――製造と販売を中心に――

1．科学的管理法とフォード生産方式

イギリスに端を発する産業革命は諸外国にも波及し，アメリカでも南北戦争後，本格的に工業化が進展した。大量生産システムによる生産量の増大と鉄道網の整備とが相まって市場は拡大し，19世紀後半以降，ビッグビジネスが台頭することとなった[2)]。

当時，一部の企業や産業では革新的な管理がみられたが，経験や勘に基づく成行管理が一般的であり，必ずしも体系化された管理がなされる状況にはなかった。したがって，現場には組織的怠業，非効率な生産が存在した（角野 2011）。

テイラーの科学的管理法は，こうした状況下で誕生した。『科学的管理の原理』の中でも怠業や非効率の原因を取り除くことが個々の労働者のみならず，企業や国家全体にとっても有用であることが指摘されている（テイラー 2009）。具体的には，動作研究，時間研究に基づく科学的な課業設定と計画部，職能別職長制度等による科学的な課業実施，異率出来高払制度による動機づけが示された。すなわち，何をどのようにすればいいのか，それをどう実行していくのかが科学的に提示され，それを実行するための金銭的な動機付けが設定されたということであり，大量生産システムの下での製造現場における体系的管理法が構築されたのである[3)]。

この科学的管理の考え方を具現化したものがフォード生産方式である。これは標準化と移動式組立法を基本的な構成要素とするものであり，前者は単一製品のもとで部品と作業を標準化することを，後者はベルトコンベヤーに代表される流れ作業システムをその具体的内容とした。このフォード生産方式により量産されたT型フォードは高品質で安価であったため，文字通り自動車市場を開拓していった。大量生産・大量消費時代の到来である。

2．マーケティングによる競争とトヨタ生産方式

アメリカの自動車市場は1925年までに急速に拡大したが，それ以降，成

熟期へと移行した。大衆車が普及し，市場が飽和状態になったことによる。そして，市場は取替需要をメインとするものになった。こうした市場構造の変化に適応したのがGMであった。GMは様々な価格帯に独自の車種を設定するフルライン戦略を展開するとともに，定期的なモデルチェンジと中古車の下取りで取替需要を喚起した。その結果，T型フォードは陳腐化し，市場シェアを奪われていった（下川 1972）。

これは成熟市場でのマーケティングによる需要の掘り起こしである。こうしてマーケティング時代の幕が開けたのである。

その後，高度経済成長を経て，多くの市場で成熟化が進むと，成熟市場での競争戦略と効率的生産に関心が向かうことになる。

競争戦略についていうと，例えば，ポーター（1982）は，5つの競争要因による市場分析に基づき，コストリーダーシップ戦略，差別化戦略，集中戦略の3つの基本戦略を示している。また，マーケティング研究では，競争優位の源泉としてのブランドに注目が集まり，ブランドの管理と構築についての議論が活発化した。そのきっかけは，1980年代に登場した「ブランド・エクイティ」（brand equity）の概念であり（青木 2011），それらを体系化したのがAaker（1991）であった。こうしてマーケティングの手法が精緻化・体系化され，競争戦略が構造的に整理されたのである。

製造の観点でいうと，こうした成熟市場での競争戦略に適合した生産システムが求められることになる。その典型がトヨタ生産方式だといえよう。トヨタ生産方式は，ジャストインタイムと自働化を基本的な構成要素とする。前者は必要な物を，必要な時に，必要な量だけ供給することで在庫を減らす生産技術であり，それは平準化，かんばん方式，多能工などによってもたらされる。後者の自働化は異常や欠陥が発生したら直ちに製造装置や生産ラインを停止して，不良品を作らないという考え方であり，機械の自動停止機能と作業者の多台持ちなどによってもたらされる（門田 1991；小川 1994）。トヨタ生産方式は成熟市場での競争の前提となる多品種少量生産において，ムダとムラをなくす生産システムであり，成熟市場下における製造面での競争優位の源泉と見ることができる。

3．脱成熟化の理論

他方で，成熟化からの脱却を目指す動きもみられた。

その代表はアバナシーによる脱成熟化の理論である（Abernathy 1978；Abernathy et al. 1983）。これは成熟したと考えられていた市場をイノベーションによって再び成長局面に転換することができるという考え方である。

クリステンセンの『イノベーションのジレンマ』では，既存の有力企業が従来製品の価値を破壊して全く新しい価値を生み出す「破壊的イノベーション」を軽視した結果，新興企業に市場での地位を奪われてしまうメカニズムが示されている（Christensen 1997）。

さらに，キム＝モボルニュの『ブルー・オーシャン戦略』では，成熟し競争の激化した既存市場を「レッド・オーシャン」とし，そこから脱却し，競争のない「ブルー・オーシャン」と呼ばれる新たな市場を開拓すべきだとされている（Kim and Mauborgne 2005）。

こうした脱成熟化に関する諸理論は，市場の再成長や企業の生き残りへの模索と見ることができるだろう。

Ⅲ．CSR 理論の展開

1．CSR 理論

1960 年代から 1970 年代にかけて，先進諸国では消費者運動や環境保護運動が活発化し，いわゆる消費者問題，公害問題が顕在化した。

消費者問題では「不当価格」「製品の安全性」「誇大広告」「有害な製品」などが論点になった（Post et al. 2002）。この時期，日本では「欠陥車問題」「人工甘味料チクロ追放運動」「カラーテレビ二重価格問題」「合成殺菌剤 AF2 追放運動」（壹岐・木村 1985），石油危機時の「買占め・売り惜しみ」が起きている。一方，公害問題については，日本では四大公害病が社会問題化したのがこの時期であった。

こうした企業活動に対する批判の高まりによって，高度成長をもたらした企業活動のプラスの影響だけでなく，マイナスの影響が急速に意識されるようになった。そして，それに伴って経営学の領域においても企業の社会的責任（CSR）に関する研究が大きく発展した。その過程では，企業が社会的責任を果たすべきか否かについての論争も巻き起こった。

社会的責任肯定論の代表的論者である Davis（1960）は企業の社会的責任を直接的な経済的利益を超えるものとしてとらえるという考え方を提示した。他方で，社会的責任否定論の代表的論者の Friedman（1962）は，不正行為のないオープンかつ自由な競争の中で株主の利益を最大化することが経営者にとっての唯一無二の社会的責任だと主張し，社会的責任肯定論を批判した。この主張に対し，McGuire（1963）は，企業には経済的，法的義務だけでなく，それらの義務を超えた社会に対する責任があるとし，Friedman の主張に反論した。

その後，CSR 理論は社会的責任肯定論に立ったものが主流となった。代表的論者の Davis and Blomstrom（1975）は企業の社会的責任の内容を，①基本的な経済的機能を遂行する伝統的な責任，②基本的な経済的機能を遂行することにより直接的に引き起こされる責任，③一般的な社会問題の解決へ向けての支援という責任という 3 側面に整理している。さらに Carroll は 1979 年，企業の社会的責任を「ある時点での，社会によって企業にかけられた経済的・法的・倫理的・自由裁量的期待を包摂するもの」だと整理し，企業の社会的責任を最下層の経済的責任から法的責任，倫理的責任，社会貢献的責任と階層化した構造として理解する「ピラミッド・モデル」を提唱した（Carroll 1979；Carroll et al. 2016）（図 1）[4]。

図 1　企業の社会的責任のピラミッド・モデル

出所：Carroll et al.（2016），p. 39.

2．経済的目標と社会的目標の関連付け

図１の法的責任，倫理的責任については，事業活動を遂行する上で法律や倫理に従うことを求めるものであり，いわゆる企業不祥事防止の観点から，特に近年ではコンプライアンスと呼ばれる企業が取り組むべき一般的な事柄になっている。しかしながら，社会貢献的責任は企業にとって本業とは直接的には関連していない活動を求めることになり，この点についてはどのようにあるべきかについて長く議論が続けられてきた。

これに関して Carroll（1993）は，1980 年代中頃から事業活動と企業フィランソロピー（社会貢献活動）とを関連付けた戦略的フィランソロピーが求められるようになってきたことを指摘している。この戦略的フィランソロピーには，通常の事業活動と同様に戦略的な考察のもとに企業フィランソロピーを計画・立案・実行していくという側面（strategic process giving）と企業フィランソロピーを通常の事業戦略と連携させるという側面（strategic outcome giving）がある（Post et al. 2002）。

後者の典型がコーズ・リレイテッド・マーケティング（cause-related marketing：CRM）である。Varadarajan and Menon（1988, p. 60）は CRM を「顧客が組織や個人の目標を満足させるべく購買行動を行った際，企業が然るべき社会的運動（cause）に対して一定額の寄付を行うという特徴を持つマーケティング活動の計画と実行のプロセス」と定義している。さらに，世良（2001，12 頁）は Varadarajan and Menon の定義を拡張し，CRM の定義を「公益活動者との協力関係の下，企業が公益活動を援助することにより，マーケティング全般の目標達成を促進するための戦略」としている。この CRM では，1983 年にアメリカン・エキスプレス社（以下，アメックス）が行った「自由の女神修復」キャンペーンが有名である。また，ボルビックとユニセフによる「1ℓ for 10ℓ」プログラムや，アサヒビールによる「アサヒスーパードライ　四国の豊かな自然を守ろうキャンペーン」など，その後も多くの企業がこれを展開している[5)]。

他方で，Porter and Kramer（2002）は，こうした従来型の戦略的フィランソロピーが社会的目標と経済的目標（事業の目標）の結合という点で不十分だとし，戦略的フィランソロピーは自社の潜在的な競争優位性の改善に

つながり，社会的価値と経済的価値を最大化するものでなければならないと主張した。そして，自社の競争上のコンテクストを改善することを目的とすることで社会的目標と経済的目標との調和が図られるとした。これがCSV（Creating Shared Value）と呼ばれる考え方である。

Porter and Kramer（2002）が提唱したCSVを踏まえ，Lawrence and Weber（2011）は戦略的フィランソロピーをフィランソロピーと経済的目標を直接的・間接的に結び付け，企業と社会の双方にメリットがあるものとして再定義した。Carroll and Buchholtz（2014）も戦略的フィランソロピーを経済的目標と十分適合するよう計画されたものととらえ，企業の経済的な利益により直接的・即効的にかかわるものだとした。

このように，特に2000年以降，事業活動を通じて達成される経済的目標と企業フィランソロピーによって達成される社会的目標とを密接に関連付けようとする動きが活発化してきた。

Ⅳ．サステナビリティとコロナ禍

1．サステナビリティの時代

前節で見た企業における経済的目標と社会的目標の関連付けという動きと相まって，近年，サステナビリティという考え方が注目されるようになってきた。サステナビリティは1992年に開催された国連環境開発会議で環境問題の観点から取り上げられ，その後，1995年の世界社会開発サミットで貧困，雇用，社会的統合の観点が加わった。2000年には国連ミレニアム宣言の中で，極度の貧困と飢餓の撲滅など2015年までに達成すべき８つの目標（MDGs）として整理された。MDGsの内容は2015年の国連サミットで採択された持続可能な開発のための2030アジェンダに記載されたSDGs（持続可能な開発目標）に継承されている。SDGsは2030年までに持続可能な世界を実現するための国際目標で，17のゴール，169のターゲット，232の指標から構成される。「地球上の誰一人として取り残さない」を掲げ，発展途上国だけでなく先進国も取り組む普遍的なものとされ，日本も国を挙げて積極的に取り組んでいる。

このSDGsは，企業にとってみれば，いわば「社会課題のリスト」である。そして，前述のような国レベルの積極的な推進もあって，企業に対してもSDGsへの貢献が求められるとともに，多くの企業においてこのようにリスト化された社会課題への取り組みが強く意識されるようになってきている。最近ではCSR関連部門の名称をサステナビリティ推進部などと変更する企業も出始めている。また，サステナビリティを経営の前面に打ち出す企業も見られる。

例えば，リコーでは2015年のパリ協定をきっかけに経営会議でSDGsについて議論を始めたという。そして，今すでにできていること（今日の飯のタネ），今ある技術を使えばすぐにできること（明日の飯のタネ），まだ漠然としているが今の技術を応用すれば貢献できるかもしれないこと（明後日の飯のタネ）を整理している。そして，自治体と組んだ社会課題解決に向けた実証実験の場で様々なアイディア，イノベーションが生まれているという[6]。

ユニリーバは「サステナビリティを暮らしの“当たり前”に」というパーパス（存在意義[7]）を経営の中心に置いている。実際，パーパスに基づき，サステナビリティを戦略の中核に置くブランドは他のブランドに比べて46%速く成長しているという。このことについて，同社では，消費者がパーパスに共感することによって製品選択をしていると見ている[8]。

福島県いわき市の磐城高箸は，杉の間伐材の市場価格下落による林業の衰退という地域課題を解決するために2010年に創業した企業で，いわき産の杉間伐材などを利用して高級割り箸，枕（「眠り杉枕」），おが屑入りのぬいぐるみ（「木粉さまプレミアム」「おがべこ」），ひのき鉛筆（「旧校鉛筆」）を製造・販売している。また，「三県復興希望のかけ箸」は被災三県の磐城杉，気仙杉，栗駒杉の間伐材を材料にした割り箸のセットで，売上の一部をいわき市，陸前高田市，栗原市に寄付するというCRMの手法で販売している。この磐城高箸は地域課題解決のためのビジネスモデルを徹底的に追及するとともに，フィランソロピーをCRMの手法を用いることによりブランド認知とブランドイメージの構築の手段として活用しているのが特徴である。磐城高箸は社会課題の解決という社会的目標を事業化することで，同社の経済的目標を達成しようとする事例である[9]。

2．コロナ禍の影響

そのような状況の中で生じた新型コロナウイルス感染症の世界的流行は何をもたらしたのであろうか。

第1に，コロナ禍は社会課題を顕在化したということである。SDGsが注目されるようになったものの，そこで示される社会課題の中には，日本，さらには先進国ではあまり意識されないものも多かった。しかしながら，例えば，17のゴールのうち「貧困をなくそう」や「すべての人に健康と福祉を」「質の高い教育をみんなに」などは，日本の社会でも大きな課題であることが浮き彫りになった。

第2に，オンライン化が時間・空間の隔たりをなくしたということである。ビジネスパーソンにとってみると，これは地方に在住しながらの勤務や育児や介護をしながらの勤務を可能にした。このことにより彼らは直接的に社会課題に向き合うきっかけを得ることになり，サステナビリティへの意識を高めることにつながった[10]。

第3に，多くの社会課題を早急に解決せざるを得なくなったということである。早期の解決に向けて，企業の持つ技術やノウハウが必要とされることになり，結果として企業による社会課題への関与が進んだ。

こうした変化を受け，企業の中で社会課題への解決に向けての動きが加速しつつある。その際，本業で関わるものもあれば，社会貢献活動として関わるものもあり，それらは解決手法の違いというような考え方が強くなりつつある。すなわち，コロナ禍はサステナビリティに向けた動きを加速させる方向に機能しているとみることができる。

3．企業活動におけるパラダイム転換

ⅡやⅢで取り上げた世界では，事業活動（経済的目標）と社会貢献活動（社会的目標）が切り離されていた。すなわち，市場における経済主体の1つである企業にとっての事業活動は経済的目標を達成することであり，市場以外の社会から要請され，社会的目標の達成に寄与するために取り組まれる社会貢献活動は事業活動とは直接的な関係を持たない存在であった。したがって，CSR研究においては社会的目標をいかに経済的目標に結びつけ

るかが模索されてきたのである。それが戦略的フィランソロピーの議論であり，CSV の議論である。

つまり，これまで社会貢献活動は事業活動と無関係な存在であるか，事業活動と何らかの形で結びつけて考えようとされる存在だった。社会貢献活動がこのように見なされるのは，企業を市場課題解決の装置としてとらえるパラダイムに立っていたことに起因する（図 2）。このパラダイムの下では，社会貢献活動はあくまで補足的，付随的な存在となる。

図 2　市場課題解決装置としての企業

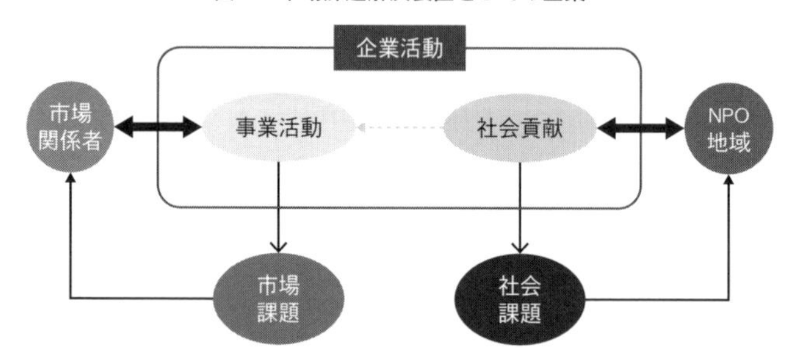

他方で，サステナビリティが意識される中でのコロナ禍において拡大しつつある企業の社会課題への取り組み状況は，市場課題解決の装置として企業をとらえるパラダイムでは十分に理解しきれない面がある。そこではサステナビリティという考え方を背景にもつパーパスに基づき，事業活動，社会貢献活動の両面から社会課題の解決に向けた企業活動が行われる。

つまり，ある社会課題に対して事業活動として取り組む側面と社会貢献活動として取り組む側面とが存在するということであり，事業活動を選択するか社会貢献活動を選択するか，両者を組み合わせるかは社会課題解決のための手段選択に他ならないのである。また，社会貢献活動は NPO や地域社会とのつながりをもたらすが，そこで「発見」した社会課題に関する情報が事業活動を担う部門へと伝えられ，事業としても社会課題の解決に取り組むようになるという流れが生み出される。結果，事業活動と社会貢献活動は連携・連続したものとなる。これは社会課題解決の装置として企業をとらえるパラダイムに基づく企業活動の解釈である（図 3）。

図3　社会課題解決装置としての企業

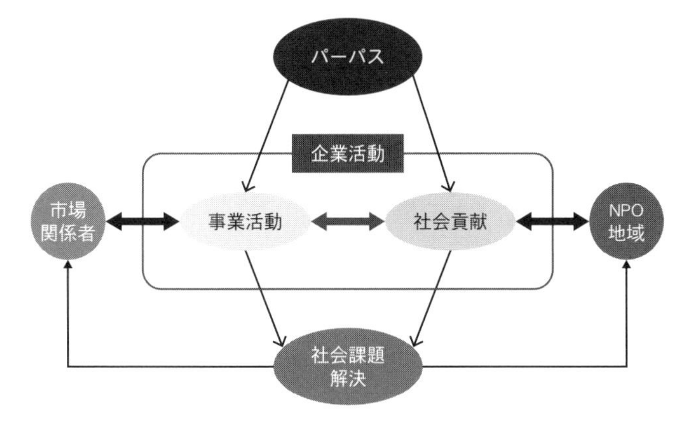

V．結論と今後の課題

本稿では，経営実践を踏まえた経営理論の発展とその裏面にあたるCSR活動を踏まえたCSR論の展開に注目し，サステナビリティ時代におけるコロナ禍で企業の活動がどのように変化してきたのかについて検討してきた。

ここでの結論としては，サステナビリティという考え方の下でパーパスに基づき，事業活動，社会貢献活動の両面から社会課題の解決に向けた企業活動が行われるようになってきたということを提示したい。すなわち，①社会課題解決に事業活動として取り組むか，社会貢献活動として取り組むか，両者を組み合わせて取り組むかという選択になってきていること，②社会貢献活動に取り組むことによって「発見」した社会課題に関する情報が事業活動を担う部門へと伝えられ，事業活動として社会課題の解決に取り組むようになってきているということである。また，コロナ禍はそうした動きを促進する方向で働いているととらえることができた。

この企業活動の変化から導き出される含意としては，企業が市場課題解決の装置から社会課題解決の装置としてその性格を変容しつつあること，すなわち，企業や企業活動をとらえるパラダイムが，市場課題解決装置パラダイムから社会課題解決装置パラダイムに転換しつつあることが示唆された。

しかしながら，本稿は現在進行している変化について，試論的に検討したに過ぎない。こうした企業活動の変化が継続的なものなのか，パラダイム転換が本当に起きつつあるのかについては，今後の検討課題としたい。

注

1）本研究は，JSPS 科研費 JP19K01816，JP19K01944 の助成を受けたものである。
2）大量生産の進展が，逆に，ウィリアム・モリスが主導した手工芸品を評価しようとするアーツ・アンド・クラフツ運動を引き起こし，それが日本における柳宗悦の民藝運動につながっているということは興味深い。
3）テイラーの科学的管理法そのものについて明らかにすることは本稿の目的ではない。例えば，中川編著（2012），廣瀬（2019）を参照のこと。
4）Carroll の定義における倫理的責任，社会貢献的責任に企業が応えることの是非については 1970 年代半ばまでに一応の決着を見ている。また，企業の社会的責任概念の意味内容についても Carroll の「ピラミッド・モデル」により「完成」したと見なせる。詳しくは小山（2011）を参照のこと。
5）詳しくは以下を参照のこと。キリンホールディングス（https://www.kirinholdings.com/jp/newsroom/release/2016/0407_03.html，アクセス日：2021 年 11 月 25 日），アサヒビール（https://www.asahibeer.co.jp/news/2021/1118.html，アクセス日：2021 年 11 月 25 日）。
6）2018 年 2 月 16 日の株式会社リコー新横浜事業所でのヒアリング，2018 年 3 月 1 日のサステナブル・ブランド国際会議 2018 での執行役員サステナビリティ推進本部長（当時）加藤茂夫氏の発言に基づく。
7）パーパスは，ビジネスラウンドテーブルが 2019 年 8 月 19 日に発表した「企業のパーパスに関する声明」で注目された。近年，多くの企業でパーパスの策定がある種の流行になっているが，他方で，サステナビリティを意識して自社をどのような存在として規定するかが問われ始めているということでもある。パーパスについての議論については，桜井（2021）に詳しい。
8）2019 年 2 月 22 日のユニリーバ・ジャパン・ホールディングス株式会社本社でのヒアリング，2019 年 3 月 7 日のサステナブル・ブランド国際会議 2019 でのヘッド・オブ・コミュニケーション伊藤征慶氏の発言に基づく。
9）主として，2020 年 2 月 7 日の株式会社磐城高箸本社での代表取締役髙橋正行氏に対するインタビューに基づく。
10）例えば，ライオンでは「より良い習慣づくりで，人々の毎日に貢献する（ReDesign）」というパーパスに基づく経営を推進しているが，この考え方に対する従業員の理解と共感がコロナ禍で進んだという。2021 年 2 月 25 日のサステナブル・ブランド国際会議 2021 横浜でのライオン株式会社サステナビリティ推進部小和田みどり氏の発言に基づく。

参考文献

Aaker, D. A. (1991), *Managing Brand Equity: Capitalizing on the Value of a Brand Name*, The Free Press.（陶山計介・中田善啓・尾崎久仁博・小林哲訳『ブランド・エクイティ戦略――競争優位をつくりだす名前，シンボル，スローガン――』ダイヤモンド社，1994 年。）

Abernathy, W. J. (1978), *The Productivity Dilemma: Roadblock to Innovation in the Automobile Industry*, Johns Hopkins University Press.

Abernathy, W. J., Clark, K. B. and Kantrow, A. M. (1983), *Industrial Renaissance*, Basic Books.

(望月嘉幸監訳『インダストリアル ルネサンス』TBS ブリタニカ，1984 年。)
Carroll, A. B. (1979), "A Three-Dimensional Conceptual Model of Corporate Performance," *Academy of Management Review*, Vol. 4, No. 4, pp. 497-505.
Carroll, A. B. (1993), *Business & Society*, South-Western.
Carroll, A. B., Brown, J. A. and Buchholtz, A. K. (2016), *Business & Society*, Cengage Learning.
Carroll, A. B. and Buchholtz, A. K. (2014), *Business & Society*, South-Western.
Christensen, C. M. (1997), *The Innovator's Dilemma: When New Technologies Cause Great Firms to Fail*, Harvard Business School Press. (伊豆原弓訳『イノベーションのジレンマ』翔泳社，2000 年。)
Davis, K. (1960), "Can Business Afford To Ignore Social Responsibilities?" *California Management Review*, Vol. 2, No. 3, pp. 70-76.
Davis, K. and Blomstrom, R. L. (1975), *Business and Society*, McGraw-Hill.
Friedman, M. (1962), *Capitalism and Freedom*, University of Chicago Press.
Kim, W. C. and Mauborgne, R. (2005), *Blue Ocean Strategy: How to Create Uncontested Market Space and Make the Competition Irrelevant*, Harvard Business School. (有賀裕子訳『ブルー・オーシャン戦略』ランダムハウス講談社，2005 年。)
Lawrence, A. T. and Weber, J. (2011), *Business & Society: Stakeholders, Ethics, Public Policy*, McGraw-Hill.
McGuire, J. W. (1963), *Business and Society*, McGrow-Hill.
Porter, M. and Kramer, M. (2002), "The Competitive Advantage of Corporate Philanthropy," *Harvard Business Review*, 80, pp. 56-69.
Post, J. E., Lawrence, A. T. and Weber, J. (2002), *Business and Society: Corporate Strategy, Public Policy, Ethics*, McGraw-Hill/Irwin.
Varadarajan, P. and Menon, R. A. (1988), "Cause-Related Marketing: A Coalignment of Marketing Strategy and Corporate Philanthropy," *Journal of Marketing*, Vol. 52, No. 3, pp. 58-74.
青木幸弘（2011）「ブランド研究における近年の展開──価値と関係性の問題を中心に──」『関西学院大学商学論究』第 58 巻第 4 号，43-68 頁。
壹岐晃才・木村立夫（1985）『日本企業読本』東洋経済新報社。
小川英二（1994）『トヨタ生産方式の研究』日本経済新聞社。
小山嚴也（2011）『CSR のマネジメント』白桃書房。
桜井徹（2021）「株主資本主義批判としての企業パーパス論──意義と限界──」『国士舘大学経営論叢』第 10 巻第 2 号，27-55 頁。
下川浩一（1972）『フォード』東洋経済新報社。
世良耕一（2001）「コーズ・リレイテッド・マーケティングの定義に関する一考察──企業と公益活動との新しい調和を目指して──」『公益学研究』第 1 巻第 1 号，9-16 頁。
角野信夫（2011）『マネジメントの歴史』文眞堂。
テイラー，F. W. 著／有賀裕子訳（2009）『新訳　科学的管理法』ダイヤモンド社。
中川誠士編著（2012）『テイラー（経営学史叢書 I）』文眞堂。
廣瀬幹好（2019）『フレデリック・テイラーとマネジメント思想』関西大学出版部。
ポーター，M. E. 著／土岐坤ほか訳（1982）『競争の戦略』ダイヤモンド社。
門田安弘（1991）『新トヨタシステム』講談社。

4　コロナ禍と組織における「コミュニケーション」
――ドラッカーを中心にして――

山　下　　　剛

Ⅰ．はじめに

コロナ禍は大きく言えば2つの観点から問題になると言える。一つは，例えば「生命と経済」あるいはワクチンの供給などの差し迫った目の前にある課題をどう解決するかという問題であり，もう一つはかつて福島原発が随伴的結果の問題を浮き彫りにしたように，それまでも存在しながらこのコロナ禍によって改めて浮かび上がってきた問題にどう取り組むかということである。本稿では後者の問題を考えていく。

飛沫感染・エアロゾル感染が重要な感染ルートであり，かつ「無症状感染者からの感染」という特徴をもつ新型コロナは（黒木登志夫『新型コロナの科学』2020年），人が接触・対面するというこれまで当たり前に行われてきた行為を「危険」な行為へと変え，人々が物理的に離れていることを強いることになった。しかし最低限，情報のやり取りがなければ，現代において人々の仕事は進行しない。その結果として，これまでも技術的には可能であったとしても普及しているとは言えなかった遠隔のコミュニケーション技術が活用され普及することになった。コロナ禍はリモートによる仕事，財・サービスの売買，交友関係，その他イベントの実現を加速させた。大学一つとっても，オンライン会議・イベント，オンデマンド動画の配信によるコミュニケーションが一気に進むことになった。

それは壮大な実験であり，そこには少しずつさまざまな問題が現れてくることとなったし，これからさらに立ち現れてくるであろう。それらは一言で表現するならば「コミュニケーション技術は発展したにもかかわらずコミュニケーションに齟齬をきたす」という問題だと言うことができる。もちろんこれは今に始まったことではない。しかしコロナ下の実験は「コミュニケーションとは何か」を改めて問うことになった。

コミュニケーションの本質はどこにあるのであろうか。今回はP. F. ドラッカーのコミュニケーション論を中心にしながらコミュニケーションとは何かを改めて問い直してみたい。

Ⅱ．遠隔におけるコミュニケーション技術の発展

コミュニケーション媒体の発展として今回のコロナ禍においてその技術的水準・実用性の確認された最たるものがZoomをはじめとするオンライン会議システムであろう。こうしたコミュニケーション媒体の発展をどう評価すればよいであろうか。田村大樹『空間的情報流と地域構造』(2004年）は，情報が空間克服する（情報伝達される）に際しては，2つのロジックがあると言う。それは，通信のロジックと運輸のロジックであり，ここで通信のロジックとは「光ファイバーや銅線中の光や電子の移動もしくは電波等による情報の空間的フローに関連するもの」であり（田村 2004，107頁），運輸のロジックとは，情報の体化された物財ないし人が移動する・運ばれることによって情報が伝達されることである。前者は電話あるいは現代においてインターネットを通じて行われているコミュニケーションがすべてこれに従うと言える。後者は手紙が典型であり，人が対面で他の人に話に行くことも情報伝達の観点からは運輸のロジックということになる。

この通信のロジックと運輸のロジックの根本的に異なる点は「空間克服の速度」の圧倒的な相違である（田村 2004，107頁)。通信のロジックにおいては，それは「光速」であり，空間的な距離の問われない即時性が大きな特徴となる。今のところ，物体の移動はどこまでいっても光速とはならない。まず第一には，これが現代のコミュニケーション技術の特徴と言える。

そして次には技術の向上に伴って，そこで伝達される情報量が飛躍的に増加し，伝達される情報の種類が増加していったという点が挙げられる。かつてはすべてが運輸のロジックに従っていたものが，電話段階で音，さらに現

代では文字・絵・写真，そして動画までが通信のロジックにのることになり，コロナ禍がこの動きを加速させた。

こうしたコミュニケーション技術の発展は情報伝達に関する能力・利便性を格段に向上させることになった。もしコミュニケーションとは情報伝達であるとするならば，今日に至るまでの遠隔におけるコミュニケーション技術の発展はコミュニケーションの問題を解消してくれるはずである。だが現実には必ずしもそうではない。情報は伝達されているにもかかわらずコミュニケーションがうまくいっていない状況が現出している。それは例えば大学においても，教職員間の意思疎通がうまくいかない，学生の孤立化，ゼミ運営に支障をきたす，学生のオンデマンド講義疲れ等という形で現出している。コミュニケーションとは何であろうか。

Ⅲ．ドラッカーのコミュニケーション論

1．ドラッカーの問題提起

ドラッカーは，『新しい社会』（1950年）に「コミュニケーション・ギャップ」という章を設けコミュニケーションを論じているが，それ自体は5頁ほどの短文であった。だがその後，『技術，マネジメント，そして社会』（1970年）に「情報，コミュニケーション，そして理解」というコミュニケーションについて本格的に論じた稿を発表する（以下，この稿を「コミュニケーション論文」と略記）。この論文は，その後も若干の加筆削除を伴いながら『マネジメント』（1974年），『すでに起こった未来』（*The Ecological Vision*, 1993年），『機能する社会』（2002年）などに転載されている。これはこの論文がいかにドラッカーにとって重要であったかを示すと同時に，各書における位置づけを見たとき，ドラッカーがコミュニケーションという問題をいかに重視していたかを示すものである。

まず，技術は仕事に関わるものでありその技術の変化が知識の意味の変化をもたらしたという観点からマネジメントあるいは社会について論じた『技術，マネジメント，そして社会』において，コミュニケーション論文はその第1章に据えられている。さらに，『マネジメント』においては組織内外に

おけるコミュニケーションを管理者の重要なスキルの一つとして位置づけてこの論文が取り上げられ，『すでに起こった未来』では，第6部「情報に基づく社会」の最初の論文としてこの論文が位置づけられ，そして『機能する社会』では第6部「知識社会」を構成する4つの論文の最後，締めくくりの論文としてこの稿が位置づけられている。

このことは，ドラッカーがコミュニケーションを，技術・情報・知識・マネジメントの問題を考える際に欠くことのできない，そしてそうした問題の基底にあるものとして位置づけていたことを示唆する。もっと言うと『マネジメント』以外の著書では，「社会」を論じようとするときにこの論文が載せられている。すなわちコミュニケーションは，まず何よりも社会や組織の基盤であるということ，またそうでありながら，技術・情報・知識の発展とともに浸食されてしまう可能性のあるものとしての位置づけが与えられていると言うことができる。

事実，1970年にこのコミュニケーション論文が発表されたとき，それは次の事情を示して書き出されている。すなわち，情報とコミュニケーションに対する関心が現れたのは第一次大戦の少し前であったが，しかし西欧世界にコミュニケーション意識を生み出したものは第一次大戦それ自体であり，それは信頼すべき情報が豊富にありながらコミュニケーションに失敗していたからであること，結果としてコミュニケーションの研究，コミュニケーションの媒体は増大したが，コミュニケーション自体は減り，コミュニケーション・ギャップが広がっているということ，その一方で情報爆発があり，人々はコミュニケーションを断念しはじめているということ，である。

これは第一次大戦とそれ以降この論文が書かれた1970年頃までの状況の説明ではあるが，この記述は2002年の『機能する社会』でもほぼそのまま述べられているし，現代にも驚くほどあてはまっている。

2．ドラッカーの「コミュニケーション」の規定

では，コミュニケーションとは何か。ドラッカーはまず4つの原理として，コミュニケーションは，(1)「知覚（perception）」，(2)「期待（expectation）」，(3)「関与（involvement）」であるということ，(4)コミュニ

ケーションは情報とは異なるということを示す。

この中でとりわけ重要なことは，コミュニケーションが知覚であるということである。このことの含意は何であろうか。ドラッカーは3点を挙げる。すなわち，①コミュニケーションするのはその「受け手」である（it is the recipient who communicates）ということ，②知覚とは経験（experience）であり，状況や価値を含めた包括的なもの（configuration）の知覚であるということ，③人が知覚するに際しては知覚できることを知覚するに過ぎない，つまり人には「知覚の範囲」があり特に文化的・情緒的な制約があるということである。

この③はコミュニケーションが「期待」「関与」であるということと結びついてくる。「期待」であるとは，コミュニケーションとはその受け手が見たいもの・聞きたいものしか受け取ることはできない，ということであり，「関与」であるとは，コミュニケーションにはその発信する側の価値観・希望が入り込むということである。コミュニケーションはそれらが受け手の望み・価値観・目的と合致したとき，力強いものとなる。

さて，「コミュニケーションするのは受け手である」というこのコミュニケーション概念から考えると，その結論は，受け手の話を聞くところからコミュニケーションを始めればよいということになりそうである。しかしそうした傾聴では十分でないとドラッカーは言う。なぜなら受け手がメッセージを発するとき，そのメッセージを相手に受けとめられるように発信できる保証はないからである。上司と部下がいるとき，部下からコミュニケーションを始めるとしても部下が上司以上に適切に発信できるとは言えるはずもない。

こう考えると，コミュニケーションの本質にさらに踏み込む必要がある。ドラッカーは情報との対比でコミュニケーションの概念をさらに深めていく。

ドラッカーは，コミュニケーションは情報とは異なるとする。まず情報を次のように位置づける。それは論理（logic）であり，純粋に形式的なものであって意味をもたない，非人格的なものだということ，またそれは包括的というよりは特殊的（specific）なものであり，経済の原理にしたがうものだということ，そしてそれはつねに暗号化されているのでコミュニケーションを前提とするということである[1)]。このような情報とは異なるものとして位置づけられるコミュニケーションとは，包括的なものを把握し，定量化できないようなより高次の意味を分かち合うことにすぐれているものと規定されることになる。すなわち，ドラッカーは，「もっとも完全なコミュニケーションとは，いかなる理屈も抜きの，純粋に共有される経験（purely shared experiences）である」とする（Drucker 1970, p. 12）。ここで言う経験とは，知覚されているという意味での経験である。

コミュニケーションが「共有された経験」であるとするとき，そこには違和感もあるかもしれない。コミュニケーションとは一般的には情報や言葉の伝達と考えられているであろうからである。しかしドラッカーのこの把握は必ずしも奇異なものではない。例えば，井口大介『人間とコミュニケーション』（1982 年）は次のように述べている。

「コミュニケーションという，外来語抽象名詞の語源を遡れば，まず中世英語のコミニカシオン comynycacioun というアングロ・フレンチ系の語に行き当たり，さらにこれが，ラテン語の「共通」を意味するコムニス commūn（is）という語幹にイク ic（us）アタス ātus およびイオン ion が加わってでき上がったことがわかる。従って本来の語義は「共にする」，「あずかる」，すなわち「共通なものとする」であったが，発展して「人間と人間との間に共通性をうちたてる行為全般」を意味するようになった。」（井口 1982，1 頁[2)]）

さて，以上の議論から浮かび上がってくるのはコミュニケーションとは「知覚」「共有された経験」であり，「受け手が行うこと」だということである。この点について，さらにこの議論に間接する C. I. バーナード，M. P. フォレットの議論と対比しながら考えてみたい[3)]。

Ⅳ．コミュニケーションの本質は「伝達」か

1．バーナードにおける組織とコミュニケーション

ドラッカーのコミュニケーション論においては，バーナードへの直接的な言及はない。しかし経営学者であれば，「コミュニケーションを行うのはその受け手である」という主張にバーナードの権威受容説を想起するのが普通であろう。これに対して例えば，中條秀治『オーガニゼーショナル・ビヘイヴィア』（2019年）はこの両者を異なるものとして位置づけている。結論から言うと，バーナードはコミュニケーションにおいて受け手を重視しているが，ドラッカーのように「コミュニケーションを行うのは受け手である」と把握しているわけではない。

バーナードは主著『経営者の役割』（1938年）の驚くほど多岐にわたる領域でコミュニケーションの問題に言及している。今回は紙幅の都合上，それらを詳述する余裕はないが，簡潔に言うと，バーナードにおいてコミュニケーションとは，まずは公式組織の3要素の一つであるが，そのコミュニケーションにおける記述について特徴的なことは，「いかにして命令・伝達が受け取られそれが意思決定に結びつくか」が探求されているということである。これについてはまず，訳書の訳の通り『経営者の役割』においてcommunicationは，ほぼ「伝達」の意で用いられていると言える。そして，「命令・伝達の受容」が問題とされている典型がその権威受容説である。それはその主観的な条件がいわゆる権威受容の4条件であり，客観的な条件が，命令・伝達を発する側の職位やリーダーシップ，あるいは命令・伝達がコミュニケーション・センターから出ていることなどということになる。さらに命令・伝達の経路として公式の経路に拘らず，非公式組織の作用を認める。すなわち「組織のコミュニケーションの大部分は非公式のものである」と述べている（Barnard 1938, p. 109）。

2．コミュニケーションの本質としての「理解」

『経営者の役割』全体を通じて，基本的に「命令・伝達がいかにして受け

取られるか」を焦点としてコミュニケーションは論じられている。そしてバーナードは，そのためのさまざまな手段を提示した。それはきわめて有意義であるが，ドラッカーは『新しい社会』の「工場コミュニティ」を論じた中の第19章においてトップ・ミドル・一般従業員という3者の「コミュニケーション・ギャップ」を論じる中で，次のように述べている。

すなわち，「コミュニケーション」という用語は産業的な用法においては純粋に技術的な意味で用いられがちであって，伝達されているものよりも伝達する手段を指していること，結果として「コミュニケーションの問題」は情報が届くか否かという技術的なものと考えられてしまうこと，しかし問題は伝達技術がないことではなく，聞こうとする意思と聞くための能力がないことであって，したがって，欠けているのは情報よりもむしろ理解（understanding）と想像（imagination）であるということである。

かくしてドラッカーは，相互理解の欠如（lack of mutual understanding）にコミュニケーションの問題を求めるのである（Drucker 1950, pp. 191-192）。したがって，先のコミュニケーション論文でもドラッカーは「人々は，それが説明されているがゆえに受け入れる，ではなく，それを経験しているがゆえに理解するということでなければならない」と述べている（Drucker 1970, p. 19）。

すなわち，コミュニケーションの本質は，バーナードが中心的に議論した観点，すなわち「受け手に受け取らせ意思決定に結びつけるために発信者がいかに伝達するか」ではない。「受け手がいかに理解を構築するか」である。understandingとはunder＋standingであって，その対象の「立場に立つ」ことを意味する。コミュニケーションとは共有された経験であり，相手の「立場に立つ」という意味での「理解」の構築であり，「受け手が行う」というところにその本質があると見なければならない。すなわち，お互いが「受け手」として「理解」を構築していくことがコミュニケーションだと言うことができる。

Ⅴ．コミュニケーションと経験

1．フォレットにおける「知覚」の概念とコミュニケーション

ドラッカーはコミュニケーション論文において，実質的に2箇所でフォレットに言及していると言える。一つは，コミュニケーションは「知覚」であると述べたとき，そこにおける一つの例としてフォレットの見解を示す。いま一つは，フォレットの名前こそ出てこないが，「代替的シンボル（vicarious symbol）」について述べている箇所がある。順に見ていこう。

まずドラッカーはフォレットを引きながら次のように述べている。

「知覚は私たちが何を知覚しうるかによって条件づけられるものだということは，あらゆる組織研究者のうちで最も引用されながら，最も留意されていないメアリー・パーカー・フォレットによって，とりわけその論文集『動態的管理』において40年も前に理解されていたことである。フォレットは，意見の相異（disagreement）やコンフリクト（conflict）は，おそらく何らかの答えではないし，またうわべのものでもないと説いた。多くの場合，それは，知覚上の不一致の結果である。Aが鮮やかに見たものをBはまったく見ていない。そしてそれゆえ，Aが議論することはBの関心に合わない。逆もまた然りである。フォレットが論じたように，AもBも両者は現実を見ているように見えるが，しかし，各々は，そこから異なる側面を見ているのである。物的世界に限らず，世界は多元的である。それにも関わらず，人は一時に一つの次元を見ることができるにすぎない。」（Drucker 1970, p. 7）

こうしたことを述べながらドラッカーは，群盲象を撫でるの寓話を示してさらに次のように述べていく。

「この話は，端的に人間が置かれている現実を物語っている。そして，このことが理解されるまで，そして象の皮膚を触った者が足を触った者に

代わって足を触るまで，コミュニケーションの可能性は存在しない。言いかえれば，受け手，すなわち真にコミュニケーションを行う者が何を見ることができ，なぜそれを見ることができるのか，このことをまず私たちが知らなければ，コミュニケーションの可能性は存在しないのである。」（*Ibid*., p. 7）

ここには，現実を知覚することの不可思議さと，知覚がいかにコミュニケーションと関わっているかがフォレットを通じて示されている。

ドラッカーの引いたフォレットの記述は，フォレットの論文「建設的コンフリクト」でなされたものである。そこでフォレットが論じたのは，コンフリクトにいかに対処するかという問題であり（Follett 1941, pp. 30–31），その一環として「知覚」への論及がなされた。フォレットはコンフリクトとは「戦い（warfare）」ではないし善でも悪でもないとして，それを相異（difference）が表面に表れたものと解するべきだと述べ，そのコンフリクトへの対処法として「抑圧（domination）」，「妥協（compromise）」，「統合（integration）」の3つを示した。統合とは2つの異なった欲望がそれぞれ満たされいずれの側も何も犠牲にする必要のない解決方法を見出すことである。この3つの方法のうち，コンフリクトを生かしていくものが「統合」であり，フォレットが統合の方法として示したものは主として，「両者の相異を表に出す」ことと，円環的対応（circular response）であった。

ドラッカーが指摘するとおり，フォレットは，このコンフリクトの統合に際しての根本的な問題を「知覚の不一致」と見て，知覚についてのすぐれた洞察を示した。だからこそ，統合に際しては「両者の相異を表に出す」べきを説いたのである。そして逆に言うと，このことは，「コミュニケーションがとれていない」とはどういうことかを示してもいる。すなわち，それは，知覚の不一致の問題であり，相手の立場，したがって自身の立場がわかっていないことが原因だということである。

そのことを踏まえて提案されたコミュニケーションがフォレットの円環的対応であると言うことができる。それは，とりわけフォレットの『創造的経験』（1924年）で詳細に説明されているが，「反応（reaction）とは常に関係づけに対する反応である」という考え方である（Follett 1924, p. 63）。人は他者に対応するとき，ただ他者に対応しているのではなく，自分と他者との関係性に対応しているというのが円環的対応の含意である。すなわち，象の足を見ている人が他の胴・皮膚を自分も触ってみること，そして他の部位を触っている人と交流することによって彼我の立場を知覚・経験したとき，コミュニケーションが可能となり，このコミュニケーションを踏まえて統合に向かうことができるのである。

フォレットが論じたのはコンフリクトと統合の問題であって，コミュニケーションでは必ずしもなかった。しかし結果的にドラッカーの言うコミュニケーションを論じることになっていた。このことは，コミュニケーションは統合のために行うものでは必ずしもないが，統合のためにはコミュニケーションが必要だということをも含意する。

2.「立場に立つ経験」とコミュニケーション

ドラッカーは「代替的シンボル」について述べたが，フォレットは『創造的経験』（1924年）において，円環的対応を妨げるものとして「代替的経験（vicarious experience）」を挙げている。代替的経験とは，いわば現代において常識となっている専門化された分業を批判する概念であり，「代替的シンボル」とは，ドラッカーの言葉で言うところの「情報」，直接的な経験はないのに論理的であるがゆえにわかったような気になるシンボルを指していると言うことができる。

ドラッカーが「代替的なシンボル」の問題に言及するとき，コミュニケーションには何が必要であるかがより明瞭となる。すなわち，次のように述べられる。私たちは芸術家（artist）ではないので，相手が経験していないことをコミュニケーションすることはできない。「受け手はそれゆえ，代替的シンボルを通じてよりもむしろ直接的に実際の経験（actual experience）それ自身を有している必要がある」（Drucker 1970, p. 19）。したがって「組織におけるコミュニケーションは，それが従業員であれ学生であれ人々が，可能なその最大限の範囲で意思決定の責任を共に引き受ける（share in the responsibility of decisions）ことを求めるものである」（Drucker 1970, p.

19)。

ドラッカーがこのように「実際の経験」を強調することになったのはなぜか。コミュニケーションとは「知覚」「共有された経験」であって「理解」である。ここで「知覚」であるということの含意は「コミュニケーションを行うのは受け手である」ということであった。ここから考えると先述のとおり，コミュニケーションとは受け手の側が自身の中に「理解」を構築していく営為ということになる。さらに，「理解」とは相互の「立場に立つ」ことであるとしたとき，まずは相手の「立場に立つ経験」を得ることこそがコミュニケーションのもっとも重要な手段ということになる。すなわち，コミュニケーションを行うために必要なことは，代替的シンボル・代替的経験ではなく，受け手が知覚の基盤となる実際の経験を積むことなのである。

ここにおける「経験」とは「当事者としてその立場を経験する」ということであるが，その内容は多面的である。それはまず，社会的・生物的・物理的な位置を経験することであると言うことができる。これは次には，現時点における他者・自然との関係の中の位置づけであると同時に，過去から現在・未来へという経時的な関係の中の位置を経験することでもある。

男性は女性を本当には理解できないとも言われるし，逆もまた然りであるとされる。それは両者の生理的な相異が同じ立場を経験させないからである。しかし女性も男性も人間であり，その観点から同じ立場を経験することは可能であって，そこにコミュニケーションの可能性が生ずる。人間が他の動物との間にコミュニケーションが可能であるとすれば，人間もまた動物であるからである。書物とのコミュニケーションでは，同じ人間であってもいつ読むかによってその豊かさは変わってくる。それは，人間が年齢とともにさまざまな立場を経験することによる。

いずれにしてもこの当事者の立場を経験することがあって，受け取られた情報や言葉はコミュニケーションとなる。そうであるからドラッカーはコミュニケーションが成り立つためには「意思決定の責任を共に引き受ける」必要があると主張する。責任は現時点における他者や自然との関係性，また現在とともに未来との関係性から生じるものである。

もちろん「意思決定の責任」と言うとき，それは職場内の意思決定には限定されない。家族や住民としてなど職場外の意思決定も含まれなければならない。人間は，バーナードの言葉を借りれば，組織人格とともに個人人格を生きているからである。こうした包括的な意味での立場に立つ経験を得るための重要な手段の一つは，例えば，バーナードの言う非公式組織であろう。

Ⅵ．おわりに――コロナ禍とコミュニケーション――

現代におけるコミュニケーション媒体の発展は，空間的に離れた場所における即時的な情報伝達を実現し，しかもその内容を符号化することで，伝達可能な情報量を飛躍的に向上させて，音だけであったものから文字・絵・写真・動画の伝達を実現するものとなっている。それは情報伝達の時空の制約を克服する。コロナ禍はこうしたZoomをはじめとするコミュニケーション技術の現代における実用性を示した。

問題はそれらがどこまでコミュニケーションに寄与できるかということである。コミュニケーションが情報ないし言葉の伝達であるならば，さまざまないわゆるコミュニケーション媒体と呼ばれるものの発展はコミュニケーションを容易にするはずである。しかし現実には必ずしもそうではないことに注意しなければならない。

Zoomなどはある意味で遠隔でありながら文字通りフェイス・トゥ・フェイスのコミュニケーションを可能とする。それはメールなどの文字情報や電話などの音声情報だけよりもはるかにその人の表情を伝えるという意味で包括的な情報を伝えることができ，この意味で，知覚の相異を埋めるためのやり取りをより容易にするものと考えられる。

ただしそれは「伝達」の手段に過ぎない。ドラッカーはコミュニケーションとは何よりも知覚であり，コミュニケーションを行うのは受け手であるという画期的な主張を行った。そして，本当の意味におけるコミュニケーションは「共有された経験」であり，「理解」＝相互の「立場に立つこと」であるとした。

この「理解」としてのコミュニケーションは，ドラッカーが各書の「社会」論の一端にこの論文を付置し，またその論文自体を第一次大戦やコミュニケーション・ギャップの問題から説き起こしていたことからもわかるとおり，社会・組織の基盤として位置づけることができるものである。思えば，人間相互の理解なくして社会や組織は成り立ち得ない。例えば，組織において「コミュニケーションが重要である」と説かれるとき，それは情報なり言葉を伝達することが重要だと説いているわけではないであろう。そうではなく，相互の「理解」を得ることの重要性を説いているのである。「理解」としてのコミュニケーションの意味するところは，情報を受け手が受け取るだけでは未だコミュニケーションとは言えないというところにある。

したがって，組織におけるコミュニケーションの焦点は「理解はいかにして生まれるか」である。ドラッカーはもっとも完全なコミュニケーションは純粋に共有された経験であると述べた。それは時空と行動を共にする五感全体による「経験の共有」であり，それはそれ自体がコミュニケーションであると同時に，次のコミュニケーションの基盤となる経験となっていくものである。そして時空と行動を共にする五感全体による「経験の共有」は，人間相互の理解と信頼の何よりの基礎となる。そして，「意思決定の責任」というとき，その責任の対象として浮かび上がってくるものは，まず何よりも五感全体による経験の共有を有する人々とならざるを得ない。想像もここから生まれる。

この意味では，人々の接触・対面を少なからず「危険な行為」とみなさなければならない新型コロナは，人間相互の不信の温床になりかねないものであり，コミュニケーションにとって大きな脅威と言うことができる。

また，「理解」は多面的に構成されるものであり，「理解」の醸成には非公式組織が重要であると言える。これに対して，遠隔によるコミュニケーション技術は，非公式組織を形成しにくいということが言えるであろう[4)]。非公式組織の維持はともかくその形成についてはそれが意識的に行われることは少ない。「ばったり会う」というプロセスが基本的には必要である。オンライン会議システムではこのプロセスが生じにくい。

受け手の知覚，共有された経験，理解としてのコミュニケーションは，社会や組織の基盤であり，どれだけ技術が発展しても確保していくことが求められる。これからの組織運営において問われるのは，有用さの証明された遠隔によるコミュニケーション技術を用いながらも，組織内外でいかにして他者と自分自身の立場を理解する機会をつくっていくことができるか，この意味でコミュニケーションをいかにつくりあげていくことができるかであるということをドラッカーのコミュニケーション論は示唆するものである。

なお，本稿において触れることのできていない重要な問題として，コミュニケーションと権力の問題がある[5]。これまでも郵便や無線など，情報を伝達する手段は権力にとって大きな問題であった。しかし現代においてコミュニケーション技術を提供する組織は，ビッグデータと呼ばれるほどの個人の大量のデータを入手することができ，また公的なコミュニケーションの場を提供することで公式的に個人が行う情報の受発信をコントロールすることを許容されている。ここで手にされる権力は，これまでのものとはまた異質であり，新たな問題を提起する。本稿においてはこの問題も視野に入れながらコミュニケーションの問題を考えるべきであったが，残念ながら現段階としてここまで含めて論じる力が私にはない。今後の課題としたい。

注

1）情報とは何かというとき，ドラッカーの規定がその全体像であるかと言うと必ずしもそうではない。例えば，三戸（2015）では，自然言語としての情報と科学言語としての情報が分けて把握されている。前者は「人間個人と個人との関係＝コミュニケーション，個人と集団との関係＝コミュニケーションにおいて成立し成立せしめている」ものとしての「情報」であり，後者は用語間の“一対一”対応が存在し，自己組織性，プログラムにつながっていく意味での「情報」である。情報社会とも呼ばれる現代において研究され，重視されているのは後者の情報であり，ドラッカーは，まさにこの後者を「情報」と呼び，コミュニケーションと区別したということになる。ドラッカーはコミュニケーション論文を『機能する社会』（2002年）に載せたとき，そのタイトルを「情報からコミュニケーションへ」としたが，その含意はここにあると言える。

2）この点については，池田（2000）もほぼ同様の見解を示している。

3）中條（2019）では「組織におけるコミュニケーションと組織コンフリクト」が第7章に据えられ，ドラッカーのコミュニケーション論を中核としながら，バーナード，フォレットの議論が取り上げられている。本稿と文脈は若干異なるが，この問題を考える上でこの三者が重要であることが示唆されていると言える。

4）ただし，すでに非公式組織が形成されている場合，その非公式組織内のコミュニケーションは遠隔のコミュニケーション技術によって活発になる可能性がある。

5）これは，経営学史学会第29回大会で私が行った報告に対して，村田晴夫先生，三井泉先生からいただいた問題提起である。当日は，両先生以外にも，討論者の西村香織先生，また，藤井一弘先生，辻村宏和先生から有益なご質問をいただき，上林憲雄先生から視野の広いご示唆をいただいた。これらのご質問・示唆を踏まえることで，当日には欠けていた視点を補うことが少なからずできたのではないかと思う。記して感謝申し上げたい。

参考文献

Barnard, C. I. (1938), *The Functions of the Executive*, Harvard University Press.（山本安次郎・田杉競・飯野春樹訳『新訳　経営者の役割』ダイヤモンド社，1968 年。）

Drucker, P. F. (1950), *The New Society: The Anatomy of Industrial Order*, Transaction Publishers.（村上恒夫訳「新しい社会と新しい経営」『ドラッカー全集　第 2 巻』ダイヤモンド社，1972 年，1-411 頁。）

Drucker, P. F. (1970), *Technology, Management, and Society*, Harper & Row.

Drucker, P. F. (1974), *Management: Tasks, Responsibilities, Practices*, Harper & Row.（野田一夫・村上恒夫監訳『マネジメント――課題・責任・実践――（上・下）』ダイヤモンド社，1974 年；上田惇生訳『[エッセンシャル版] マネジメント』ダイヤモンド社，2001 年。）

Drucker, P. F. (1993), *The Ecological Vision*, New Jersey.（上田惇生・佐々木実智男・林正・田代正美訳『すでに起こった未来』ダイヤモンド社，1994 年。）

Drucker, P. F. (2002), *A Functioning Society*, Transaction Publishers.

Follett, M. P. (1924), *Creative Experience*, Longmans, Green and Co.（三戸公監訳／齋藤貞之・西村香織・山下剛訳『創造的経験』文眞堂，2017 年。）

Follett, M. P. [Metcalf, H. C. and Urwick, L. F. (eds.)] (1941), *Dynamic Administration: The Collected Papers of Mary Parker Follet*, Harper & Row, Publishers.（米田清貴・三戸公訳『組織行動の原理』未来社，1972 年。）

井口大介（1982）『人間とコミュニケーション』一粒社。

池田謙一（2000）『コミュニケーション』東京大学出版会。

田村大樹（2004）『空間的情報流と地域構造』原書房。

中條秀治（2019）『オーガニゼーショナル・ビヘイヴィア――組織の中の人間行動――』文眞堂。

三戸公（2015）「情報の概念――吉田情報論批判――」『中京経営研究』第 24 巻，17-35 頁。

5　コロナ禍における働き方の変容と経営組織

浦　野　充　洋

Ⅰ．はじめに

2019年12月に検出されたCOVID-19は瞬く間に世界中に広がり，世界を一変させてきた。COVID-19の影響は人々の生活全般にわたる。そのため，ウイルスを直接，対象とする領域に限らず，政治学，経済学，社会学，心理学など様々な領域で研究が行われ，経営学でも *Academy of Management Perspectives*，*Journal of Management Inquiry*，*Journal of Management Studies* など，いくつもの雑誌で特集が組まれ，多くの研究が発信されてきた。日本においても，経営学者とリクルートワークス研究所による共同調査（江夏ほか 2020a；2020b；2020c），組織学会に所属する経営・経済学者とHR総研による「新型コロナウィルス感染症への組織対応に関する緊急調査」（佐々木ほか 2020；服部ほか 2020；原ほか 2020），西岡・西村（2020a；2020b）の「新型コロナウイルス感染拡大が雇用に及ぼす影響」などの調査が行われてきた[1)]。

本稿では，COVID-19の感染拡大を受けて発信されてきた研究を手掛かりとしながら，コロナ禍における働き方の変容と経営組織について，以下の２つの観点から検討していく。第１に，経営組織においてCOVID-19の感染拡大によって大きく推進されてきたのがテレワークである。そこで，テレワークの経営組織と働く人々に対する影響について検討する。第２に，COVID-19は今日の資本主義社会における仕事との関わり方や格差の問題を改めて照射するなど，働き方や経営組織のあり方そのものに再考を迫っている。そこで，COVID-19に照らされた働き方や経営組織の抱える問題について検討する。

Ⅱ．テレワークを中心としたCOVID-19の影響

コロナ禍では感染を抑制するために人々に物理的な距離を保つことが求められてきた。この対応として多くの経営組織で導入されてきたのがテレワークである[2)]。本節では，経営組織と働く人々の２つの観点からテレワークの影響を検討していく。

1．テレワークを媒介する情報通信技術の陰と光

今日のテレワークは，主に情報通信技術によって媒介されている。情報通信技術を用いることで，地理的に離れた人々を組織的に繋ぎながら管理することが可能になる。ただし，情報通信技術は，副産物として行動履歴など大量のデジタルな排出物（digital exhaust）を生み出す。こうした排出物が様々に使われることで，その影響は広がっていく（Leonardi 2021）。

Leonardi（2014）は米国の金融サービス会社の調査を通じて，デジタルな排出物が組織的な活動を効率化することを見出している。同社では，ソーシャル・ネットワーキング・サイトが導入されることでコミュニケーションが可視化され，全てのスタッフが，誰が何を知っているか，誰が誰を知っているかという組織的なメタ知識を獲得できるようになった。そのことで，仕事の重複がなくなるとともに，同僚が既に学習していることを学ぶために時間を割く必要がなくなった。さらに，集めたデータを結合して新しいアイデアを創り出すことができるようになり，問題解決をより早く徹底的に行えるようになったのである。

ただし，情報通信技術に媒介されたテレワークは，様々な問題を引き起こすことも指摘されてきている。第１に，情報通信技術の導入は効率化をもたらす一方で，インプットやアウトプットの型を定めるために人々の行動を規定してしまう（Kallinikos 2004；Jarvenpaa and Välikangas 2020）。

第２に，テレワークは従業員を過剰に働かせてしまう。オフィスがあれば，そこにいるだけで仕事に熱心，献身的，信頼できると推論され，実際の生産性にかかわらず評価が向上することが指摘されている（Elsbach, Cable and Sherman 2010)。しかし，テレワークではオフィスにいるというアピールができない。そのため，働いていることを，よりアピールしなければならないと感じるようになるのである。特に家に仕事を持ち込ませるテレワークは，上司に常に働いていると思われようと家庭を犠牲にしてまで過剰に働かせてしまう傾向にある（Cristea and Leonardi 2019)。

しかし，情報通信技術を含めた情報技術は人々の行動を規定するだけではない。Leonardi（2011；2020）は，情報技術がエージェンシーを持つことで，人々のルーティンを変化させることを指摘している[3)]。Leonardi（2011）では米国の自動車メーカーの調査を通じて，情報技術が導入され作業が標準化されることで，新たな目標が見出され，活動が変化していった様子が捉えられている。同社では，CrashLabと呼ばれる衝突安全シミュレーションが開発され，作業の標準化が進められた。その結果，技術者は自動化された手続きに従って作業をするしかなくなった。情報技術によって行動パターンが規定されたのである。しかし，時間的な余裕ができ，シミュレーション結果の分析に時間を費やせるようになった。さらには，作業方法が統一され共通の基盤ができたことで同僚に相談しやすくなり，共同で問題を解決するようになった。それまではデザイン・エンジニアは分析に関して他部門に完全に任せていたが，データ分析をするチームの一員へと，その役割が変わったのである（Leonardi 2020)。

さらに，情報通信技術は人々を過剰に働かせるばかりでもない。情報通信技術が積極的に利用されることで，働き方とともに生き方まで変えられていくことさえある。こうした情報通信技術のエージェンシーに注目しているのが高山（2020）である。高山（2020）では，建設業界でコンストラクション・マネジメントを手がける明豊ファシリティワークス株式会社の調査を通じて，従業員が行動履歴として残されたデータを積極的に利用する様子が捉えられている。同社では，従業員がクラウド上に業務の詳細を残すことで，全ての従業員の行動履歴が閲覧できるようになっている。その結果，各従業員が，うまく仕事を進められている他者の行動を参照したり，実際に相談する中で自身の仕事の進め方を見直すようになっている。さらに，仕事が効率化され，新たな時間ができた従業員は，環境活動など仕事を超えた社会活動にも参加するようになってきている。仕事の仕方の可視化が，働き方を変えるとともに仕事以外をも含めた生活全体を変容させているのである。

2．テレワークが推進するアイデンティティの個人化

個人に焦点をあてたとき，テレワークの推進が影響を与えると考えられるのがアイデンティティである。人は，不安定でありながらも自らに一貫性と独自性の感覚を生み出す構造を形成し，修復し，維持し，強化し，修正する活動に常に従事しており，こうした活動をアイデンティティ・ワークと呼ぶ（Alvesson and Willmott 2002）。従来，仕事に関わるアイデンティティ・ワークの基盤は，企業など特定の組織に求められていた。組織が社会的な妥当性や心理的な安心を与えてくれたためである。しかし，企業など特定の組織に長期的に勤続することへの期待が薄れるとともに，特定の組織に帰属することが規範ではなくなってきた。アイデンティティ・ワークの基盤としての企業が揺らいできているのである。企業にアイデンティティ・ワークの基盤が求められなくなれば，その基盤は，役割，プロジェクト／ギグ，ネットワーク，カフェやコワーキング・スペース，オンライン・コミュニティなどに求められることになる（Ashforth, Moser and Bubenzer 2020）。企業を軸に組織的な私たちとして捉えられてきたアイデンティティは，個人化された自分の観点から捉えられるようになってきている（Ashforth 2020）。

アイデンティティの個人化はCOVID-19の感染拡大によって生じたわけではなく，以前より指摘されてきたものである。しかし，COVID-19によってテレワークが強制されることで，アイデンティティの個人化が物質的に推進されることになる（Ashforth 2020）。これまでもアイデンティティの個人化という潮流の中にいたものの，オフィスに集うことで企業や職場の人との職務を超えた繋がりが生まれていた。しかし，テレワークの導入によってオフィスでの接点がなくなると，企業における結節点は専ら職務になる。結節点の軸が職務だけになれば，人は企業よりも職務自体にコミットするようになっていく。このことは，従業員の自律化を進め，企業との情緒的な繋がりを低下させる（Ashforth, Moser and Bubenzer 2020）。

この傾向は個人が尊重される社会になってきているとみることもできる

が，仕事における孤立感を増加させる要因にもなっている。今回のコロナ禍でも，テレワークの導入が孤立感を抱かせるという問題が指摘されている（江夏 2020）[4]。テレワークは個人化が進む今日にあって人を企業に繋ぎとめる要因ともなっていたオフィスでの繋がりを物質的に断ってしまう可能性があるのである。

企業との繋がりが薄まることで，家族やコミュニティなど企業以外の様々な組織やネットワークの連なりからアイデンティティを見出すことの重要性がより高まってきている（Thatcher and Zhu 2006）。ただし，企業や家族，コミュニティにはそれぞれのロジックがあり，組織やネットワークの間には矛盾が存在する。企業にアイデンティティ・ワークの基盤を求められなくなってきた今日では，様々な矛盾を抱える環境のもとで自身を繋ぎとめるべくアイデンティティ・ワークを行う必要が出てきているのである[5]。

Ⅲ．COVID-19 が照らす働き方と経営組織のあり方

物理的な距離の確保が求められるコロナ禍では，企業活動に制限が求められ，従来のように働くことができなくなっている。COVID-19 は，当然のものとして暮らしてきた日常を止めることで，自明視されてきた制度を見直させる（Montgomery and Dacin 2021）。本節では，個人と経営組織の観点から，COVID-19 によって照射された問題について検討していく。

1．制度ロジックの混淆とネットワークで結ばれた働き方

COVID-19 の感染拡大を受けて，企業の活動が抑制されることで経済が回らなくなれば社会が不安定になる一方で，経済的な軸だけで社会が成立しているわけでもないことを，私たちは目の当たりにしてきた。企業にアイデンティティ・ワークの基盤が求められなくなってきている今日，様々な矛盾をはらんだ環境のもとでアイデンティティ・ワークをしなければならない。

こうした矛盾をはらみながら存在する人々の拠り所から実践を捉えようするのが，制度派組織論で議論される制度ロジックである（Thornton, Ocasio and Lounsbury 2012）。制度ロジックは「個人が物質的な生活の糧を生産，

再生産し，時間と空間を組織化し，自らの社会的な現実に意味をもたらす，社会的に構成された，物質的な実践の歴史的なパターン，前提，価値，信念，規則」と定義される（Thornton and Ocasio 1999, p. 804）。例えば，現代の西欧は，資本主義市場，官僚制国家，民主主義，核家族，キリスト教を主要な制度としており，こうした様々な制度のロジックが織り重なり，私たちの生活は作られている（Friedland and Alford 1991）。

制度派組織論の理論的土台となったピーター・バーガーも制度ロジックが織り重ねられた実践を捉えており，職場におけるクリスマス・パーティーなど，仕事と家庭のロジックが混淆される様子が議論されていた（Berger, Berger and Kellner 1973）。こうした観点から日本企業をみてみると，生活給思想によって賃金体系が形成されるなど，仕事に家庭のロジックが持ち込まれてきたと言える。ワーク・ライフ・バランスの重要性が説かれる今日の職場では，育児に対する考え方が仕事の進め方を左右するなど，仕事人だけではない生活者としてのアイデンティティも見出されている（櫻井 2021）。他方で，家事の外注など，家庭の日常生活が仕事化されてもいる。

仕事と家庭の交わりに関するCOVID-19の影響としては，テレワークによって家に仕事が持ち込まれることで，仕事と家庭の境界がより曖昧になってきたことがあげられる。家で仕事ができるようになれば，家事や育児と仕事を柔軟に切り替えることができる。しかし，物理的に同じ空間で行われることと，ロジックが混淆されることは同じではない。先述したように，テレワークによって家庭を犠牲にしてまで過剰に働いてしまうこともある。アイデンティティ・ワークの基盤としての企業が揺らいできた今日では，自らの生き方の問題として，時に混じりあい，時にコンフリクトを生み出す，仕事と家庭の間でバランスを取りながら自身のアイデンティティを紡いでいくことがより重要になってきている。

さらに，改めて仕事に焦点化したとき，様々な拠り所をもとに労働が正当化される様相の変遷を捉えていたのがリュック・ボルタンスキーらの議論である[6)]。まず，ボルタンスキーとテヴノー（2007/1991）において，人々が行為を正当化する際に依拠する論理としてシテ（cité）という概念が提唱されている。シテは秩序の構築を可能にする，偉大さの序列に基づいた原理であり，6つのシテが示されている。第1に聖人や芸術家によって表出されるようなインスピレーションをもとに偉大さが決められるインスピレーション的シテ。第2に人格的従属関係におけるヒエラルキー的な地位によって偉大さが決められる家庭的シテ。第3に他者からの名声によって偉大さが決められるオピニオン（名声）のシテ。第4に個別的な利害から離れた一般意志が偉大さの指標となる市民的シテ。第5に同感しつつも個人的利害に基づいた市場での競争を通じた富によって偉大さが決められる商業的シテ。第6に効率性に基づいて偉大さが決められる産業的シテである。こうしたシテをもとにボルタンスキーとシャペロ（2013/1999）では，資本主義の変容が考察されている。まず，19世紀末から登場した初期の資本主義のもとでは商業的シテと家庭的シテとの関わりのもと，通信手段の発達や賃労働の発展によって空間的に解放された，小規模な家族的企業によって営まれる経済活動が正当化された。続いて，1930年代から1960年代に発展した資本主義のもとでは産業的シテと市民的シテとの関わりのもと，効率性と公民的な理念を追求する，官僚制を採用した大企業による大量生産が正当化された。そして，1980年代以降，ヒエラルキーから解放された，自律的な労働が正当化されてきている。新たな労働は，自律的な人々を対等に繋ぐネットワークをもとに紐帯を一時的に安定化させるプロジェクトによって組織化される。こうした結合主義的な世界を正当化する原理として，プロジェクトに参入する能力が偉大さの指標となるプロジェクトによるシテが提示されている。

プロジェクトによるシテのもと，自律が労働者に美徳として説かれるとともに，企業は労働力を外部化していく。ボルタンスキーとシャペロ（2013/1999）は，こうした現代社会の陰に注目している。雇用が不安定化し，ネットワークから排除される人々が生み出されることで，豊かな社会において不平等が拡大し，新たな貧困が生み出されるためである。COVID-19は，こうしたプロジェクトによるシテが抱える現代社会の問題を前景化している[7]。

2．社会的企業の光と陰

COVID-19の感染拡大防止のために企業の活動が抑制され，その影響は様々に及び，人命を優先しすぎると経済が止まってしまうという懸念も聞かれるようになった。人命と経済のどちらが優先されるべきかについては，経済が人のためにあることを考えれば，人命が優先されるのは言うまでもない（中川 2020）。実情としてはCOVID-19の感染拡大によって景気が低迷していると言われてきた中，米国では2019年に比べ2020年は企業の倒産数が減少するとともに，過去最高の起業数に至っている（Muzio and Doh 2021）。一方で，多くの失業者が出ている。さらには，居住する地域によってCOVID-19の罹患率に大きな差が出るなど，格差の問題が深まってきている（Munir 2021）。こうした中，2020年5月に働くことを見直すために欧州出身の社会科学者たちが中心になって世界中の研究者など6000名を超える署名とともにマニフェスト「働くこと：民主化，脱商品化，自然の修復（Work: Democratize, Decommodify, Remediate）」（Ferreras, Méda and Battilana 2020）が発表された。そこでは，労働者を商品のように捉える考え方に問題を提起するとともに，企業の民主化と環境保護が訴えられている。世界を見渡せば，コロナ禍において多くの富裕層が安全圏に避難する一方で，エッセンシャル・ワーカーと呼ばれる社会を回すために必要な人々が最前線で働いてきた。しかし，多くのエッセンシャル・ワーカーが経済的に恵まれておらず，労働の価値と経済的な価値のズレが指摘されている[8)]。

こうした労働や企業のあり方を問うものとして議論されてきたのが，社会的企業である[9)]。社会的企業は各国の文脈の中で発展してきたために統一的な定義があるわけではないが，コミュニティ全体の利益の追求や社会的な価値の創造を中心的なミッションに置く企業として議論されてきている（Defourny and Nyssens 2010）。特に欧州では，石油危機以降の経済低迷に伴う長期失業者の増加など，社会的排除の問題の深刻化を受けて，社会的包摂を実現するものとして注目されてきた（藤井 2013）。経営学では，経済的な活動を担いながら社会性を追求する，市場のロジックとコミュニティのロジックが混淆されたハイブリッド組織としても議論されてきた（Battilana and Lee 2014）。

しかし，社会的企業も資本主義に取り込まれながら批判されてきた。社会的企業では，社会的な意義が強調されることで低賃金が正当化され，労働者が搾取されてきたというものである（Dempsey and Sanders 2010）。こうした批判は市場のロジックに立脚していると言える。他方で，社会的な事業の代表例にあげられるマイクロクレジットは貧困問題を解消し，市場経済の活性化をもたらすものとして称賛されてきた。批判と称賛の違いはあるが，これもまた市場のロジックに立脚した見方である。マイクロクレジットをコミュニティのロジックから見てみると，資本主義に根差した西欧的な慣行を押し付け，伝統的な社会関係を壊してきたという問題も見えてくる（Dey and Steyaert 2010）。コロナ禍において，社会は市場のロジックだけでは回らないことが，より明らかになってきた。COVID-19の感染拡大の中，市場のロジックだけでなく，コミュニティのロジックや家族のロジックなど，様々なロジックをもとに労働の価値や企業のあり方を考えていくことが求められている。[10]

Ⅳ．おわりに

本稿では，経営組織と個人の働き方を軸にCOVID-19の影響について検討してきた。

コロナ禍ではテレワークが推進されてきたが，テレワークを可能にする情報通信技術は，人々の行動を規定したり，過剰に働かせる可能性を持っている。他方で，コミュニケーションや行動を可視化することで作業を効率化するだけでなく，仕事のあり方を変え，さらには仕事を超えた生活全体を変容させることもある。重要なのは，情報通信技術が単に物理的なオフィスを代替するものではないことである。それまで対面状況でできていたことが必ずしもできるわけではない。他方で，そこにはオフィスとは異なる可能性が開かれている。[11]

個人に注目してみれば，アイデンティティ・ワークの基盤としての企業は揺らぎ，企業における繋がりの軸は専ら職務になってきている。COVID-19は，この潮流を推進してきているが，同時に私たちの日常を止めることで，改めて仕事の意味を問わせるものともなっている。アイデンティティ・ワークの基盤としての企業が揺らぐ今日，人々のアイデンティティは仕事だけで決められるわけではない。それは，企業や家庭，コミュニティなど矛盾をはらんだ様々な組織やネットワークの連なりから見出されるものであり，働き方を超えた私たちの生き方の問題に繋がっている。

他方で，COVID-19は自律性の強調や労働の外部化によって広がる格差の問題など，今日の資本主義社会が抱える問題も照らしており，資本主義的経営組織のあり方が問われている。こうした問題に対処するために社会的企業など新たな企業のあり方が試みられてきているが，十分に解決されてきたわけではない。今日ではコロナ禍という特殊な状況が，こうした闇を照らしている。もちろんCOVID-19の問題は一刻も早く終息することが望まれるが，COVID-19の問題が終息すれば，その闇を照らす光も消えてしまうかもしれない。今回のコロナ禍を糧に，新しい世界を切り拓いていくことができるのか，私たちは試されている。

謝辞

本稿は経営学史学会第29回全国大会での報告をもとに執筆されたものです。討論者の西村香織先生，司会の上林憲雄先生，ならびに，会場から建設的なご意見，ご指摘を下さいました先生方に改めて御礼申し上げます。

注

1）これらの調査については，西岡・西村（2020a）で詳しくまとめられている。なお，こうした経営学者による調査のほかにも，働き方や経営組織に対するCOVID-19の影響については，労働政策研究・研修機構や日本生産性本部などの研究機関によっても調査が行われている。

2）江夏（2020）によれば，テレワークの日数について，2019年12月の時点で1週間あたり約0.46日であったのが，2020年4月には約0.84日と増加している。中園・原（2020）によれば，84％の企業において正社員の一部または全員に対して在宅勤務／テレワークが導入されており，そのうちの約3分の2がCOVID-19の感染拡大を受けて開始されたものであった。

3）Leonardi（2011）によれば，人と物質はそれぞれエージェンシーを持っており，双方ともにもう一方に影響を与える可能性を持っている。それは人々の認識に依っており，目標を達成するために技術が制約になっていると見なされれば技術が変えられる一方で，技術にアフォーダンスが見出されれば，その技術によって可能になる新たな目標が見出され，本文中で述べたように既存のルーティンを変えていく。

4）孤立感の増加の問題は，対面形式の会議の併用などで緩和される（Ashforth, Moser and Bubenzer 2020）。しかし，コロナ禍では，そうした機会も奪われ，特に新入社員が先輩や同期と相談できる関係を築くことができず孤立していることが問題になっている（『日本経済新聞』2021）。

5）流動化する現代では安定的なアイデンティティを保持する必要がなく，アイデンティティ・ワークの必要性が薄まってきているという指摘もある（Ahuja, Nikolova and Clegg 2020）。

6）リュック・ボルタンスキーらの議論の説明にあたっては，ボルタンスキーとテヴノー（2007/1991），ボルタンスキーとシャペロ（2013/1999）の本文に加えて，両書に掲載された訳者解説，Boltanski and Chiapello (2005)，三浦 (2011) を参考にしており，シテの訳出については三浦 (2011) に準拠している。

7）ボルタンスキーとシャペロ (2013/1999) はフランスで用いられていた管理職層向けのマネジメント文献を対象に分析されたものであるが，そこで指摘された問題は広く資本主義社会にあてはまると考えられる。

8）コロナ禍において，エッセンシャル・ワークと対比する形で，デヴィッド・グレーバーのブルシット・ジョブが注目されている (Graeber 2018)。人々の生活に必ずしも必要とは限らないブルシット・ジョブによって高給が得られる一方で，エッセンシャル・ワークの多くが低賃金に抑えられていることが，COVID-19 によって，より顕在化してきたためである (斎藤 2020)。

9）例えば，社会的企業の先駆けの１つとして知られるのが，環境への配慮や公正な労働を基盤にスポーツ，アウトドア用品などの製造・販売を手掛ける米国のパタゴニアである (谷本 2020)。同社は，COVID-19 に対しても迅速に対応しており，2020 年 3 月に北米の直営店と通販サイトを一時休止にした (*The New York Times* 2020)。日本でもオフィス業務をテレワークに切り替えるとともに全店舗を休業にすることで，従業員の健康に配慮している (『日本経済新聞』2020)。

10）浦野 (2017) において，本文中で述べたような社会的企業を捉える際に研究者が持ち込む規範について，批判的研究の文脈から議論している。

11）例えば，職場におけるコミュニケーションに注目してみた場合，単に従業員が出会うオープンなスペースを用意すればコミュニケーションが育まれるわけではなく，コミュニケーションを促すための仕組みが必要なことが指摘されている (Hatch 2018)。実際に，企業ではコミュニケーションを促すための物理的なレイアウトの工夫に取り組まれてきており，会議の後に気軽に話ができるよう，会議室を出たところに縁側に模したベンチを設置したり，さらには，オフィスの中にピクニック場が作られ，テントまで持ち込まれることさえある (Matsushima, Urano and Sayers 2020)。情報通信技術は離れた人々のコミュニケーションを技術的に可能にするが，こうした物理的なオフィスをそのまま置き換えるのは容易ではない。物理的なオフィスの代替を目指すよりも，情報通信技術ならではの可能性に注目することが重要であると考えられる。

参考文献

Ahuja, S., Nikolova, N. and Clegg, S. (2020), "Identities, Digital Nomads, and Liquid Modernity," in Brown, A. D. ed., *The Oxford Handbook of Identities in Organizations*, Oxford University Press, pp. 864-879.

Alvesson, M. and Willmott, H. (2002), "Identity Regulation as Organizational Control: Producing the Appropriate Individual," *Journal of Management Studies*, 39 (5), pp. 619-644.

Ashforth, B. E. (2020), "Identity and Identification During and After the Pandemic: How Might COVID-19 Change the Research Questions We Ask?" *Journal of Management Studies*, 57 (8), pp. 1763-1766.

Ashforth, B. E., Moser, J. R. and Bubenzer, P. (2020), "Identities and Identification in Work Contexts: Beyond Our Fixation on the Organization," in Brown, A. D. ed., *The Oxford Handbook of Identities in Organizations*, Oxford University Press, pp. 817-832.

Battilana, J. and Lee, M. (2014), "Advancing Research on Hybrid Organizing: Insights from the Study of Social Enterprises," *The Academy of Management Annals*, 8 (1), pp. 397-441.

Berger, P. L., Berger, B. and Kellner, H. (1973), *The Homeless Mind: Modernization and Consciousness*, Random House. (高山真知子・馬場伸也・馬場恭子訳『故郷喪失者たち――近

代化と日常意識──』新曜社，1977 年。）

Boltanski, L. and Chiapello, E. (2005), "The New Spirit of Capitalism," *International Journal of Politics, Culture, and Society*, 18, pp. 161-188.

Cristea, I. C. and Leonardi, P. M. (2019), "Get Noticed and Die Trying: Signals, Sacrifice, and the Production of Face Time in Distributed Work," *Organization Science*, 30 (3), pp. 552-572.

Defourny, J. and Nyssens, M. (2010), "Conceptions of Social Enterprise and Social Entrepreneurship in Europe and the United States: Convergences and Divergences," *Journal of Social Entrepreneurship*, 1 (1), pp. 32-53.

Dempsey, S. E. and Sanders, M. L. (2010), "Meaningful Work? Nonprofit Marketization and Work/Life Imbalance in Popular Autobiographies of Social Entrepreneurship," *Organization*, 17 (4), pp. 437-459.

Dey, P. and Steyaert, C. (2010), "The Politics of Narrating Social Entrepreneurship," *Journal of Enterprising Communities: People and Places in the Global Economy*, 4 (1), pp. 85-108.

Elsbach, K. D., Cable, D. M. and Sherman, J. W. (2010), "How Passive 'Face Time' Affects Perceptions of Employees: Evidence of Spontaneous Trait Inference," *Human Relations*, 63 (6), pp. 735-760.

Ferreras, I., Méda, D. and Battilana, J. (2020), "Work: Democratize, Decommodify, Remediate," https://democratizingwork.org/（浦野充洋・吉田徹訳「働くこと──民主化，脱商品化，自然の修復──」。）

Friedland, R. and Alford, R. (1991), "Bringing Society Back in: Symbols, Practices, and Institutional Contradictions," in Powell, W. W. and DiMaggio, P. J. eds., *The New Institutionalism in Organizational Analysis*, The University of Chicago Press, pp. 232-263.

Graeber, D. (2018), *Bullshit Jobs: A Theory*, Simon & Schuster.（酒井隆史・芳賀達彦・森田和樹訳『ブルシット・ジョブ──クソどうでもいい仕事の理論──』岩波書店，2020 年。）

Hatch, M. J. (2018), *Organization Theory: Modern, Symbolic and Postmodern Perspectives*, 4th ed., Oxford University Press.（大月博司・日野健太・山口善昭訳『Hatch 組織論─3 つのパースペクティブ─』同文舘出版，2017 年。翻訳の底本は第 3 版。）

Jarvenpaa, S. and Välikangas (2020), "Advanced Technology and End-Time in Organizations: A Doomsday for Collaborative Creativity?" *Academy of Management Perspectives*, 34 (4), pp. 566-584.

Kallinikos, J. (2004), "Farewell to Constructivism: Technology and Context-Embedded Action," in Avgerou, C., Ciborra, C. and Land, F. eds., *The Social Study of Information and Communication Technology: Innovation, Actors, and Contexts*, Oxford University Press, pp. 140-162.

Leonardi, P. M. (2011), "When Flexible Routines Meet Flexible Technologies: Affordance, Constraint, and the Imbrication of Human and Material Agencies," *MIS Quarterly*, 35 (2), pp. 147-167.

Leonardi, P. M. (2014), "Social Media, Knowledge Sharing, and Innovation: Toward a Theory of Communication Visibility," *Information System Research*, 25 (4), pp. 796-816.

Leonardi, P. M. (2020), "You're Going Digital—Now What?: Enough with the Top-Down Strategizing, Understand How Change Really Happens on the Ground—And Plan for It Accordingly," *MIT Sloan Management Review*, 61 (2), pp. 28-30, 32-35.

Leonardi, P. M. (2021), "COVID-19 and the New Technologies of Organizing: Digital Exhaust,

Digital Footprints, and Artificial Intelligence in the Wake of Remote Work," *Journal of Management Studies*, 58 (1), pp. 249-253.

Matsushima, N., Urano, M. and Sayers, J. (2020), "The Tentative Argument of Spatial Management in Japan," *Discussion Paper Series* (*Graduate School of Business Administration, Kobe University*), 2020-11.

Montgomery, A. W. and Dacin, M. T. (2021), "Burning Down the House: COVID-19 and Institutions," *Journal of Management Studies*, 58 (5), pp.1426-1430.

Munir, K. A. (2021), "Inequality in the Time of Corona Virus," *Journal of Management Studies*, 58 (2), pp. 607-610.

Muzio, D. and Doh, J. (2021), "COVID-19 and the Future of Management Studies: Insight from Leading Scholars," *Journal of Management Studies*, 58 (5), pp. 1371-1377.

Thatcher, S. M. B. and Zhu, X. (2006), "Changing Identities in a Changing Workplace: Identification, Identity Enactment, Self-Verification, and Telecommuting," *Academy of Management Review*, 31 (4), pp. 1076-1088.

The New York Times (2020), "Patagonia, Quick to Close, Could Be Last to Reopen," May 12, 2020, https://www.nytimes.com/2020/05/12/business/patagonia-reopening-coronavirus.html.（『東洋経済 ONLINE』「業績急悪化の「パタゴニア」営業再開に慎重な訳――休業は早く，再開はどこより遅くの独自路線――」2020年5月18日，https://toyokeizai.net/articles/-/350460）

Thornton, P. H. and Ocasio, W. (1999), "Institutional Logics and the Historical Contingency of Power in Organizations: Executive Succession in the Higher Education Publishing Industry, 1958-1990," *American Journal of Sociology*, 105 (3), pp. 801-843.

Thornton, P. H., Ocasio, W. and Lounsbury, M. (2012), *The Institutional Logics Perspective: A New Approach to Culture, Structure, and Process*, Oxford University Press.

浦野充洋（2017）「社会的企業を捉えるアプローチに関する考察――批判的研究と規範的研究の可能性――」『商学論究』65（2），45-63頁。

江夏幾多郎（2020）「統計的検証：個人レベルで求められていること②――働き方の変化をどう活かせばよいか：リモートワークを事例に――」中川功一編『感染症時代の経営学』千倉書房，93-103頁。

江夏幾多郎・神吉直人・高尾義明・服部泰宏・麓仁美・矢寺顕行（2020a）「新型コロナウイルス感染症の流行への対応が，就労者の心理・行動に与える影響」『Works Discussion Paper Series』31。

江夏幾多郎・神吉直人・高尾義明・服部泰宏・麓仁美・矢寺顕行（2020b）「新型コロナウイルス流行下での就労者の生活・業務環境と心理・行動――4月調査と7月調査の比較を中心に――」『Works Discussion Paper Series』33。

江夏幾多郎・神吉直人・高尾義明・服部泰宏・麓仁美・矢寺顕行（2020c）「新型コロナウィルス流行下で就労者や企業が経験する変化――デモグラフィック要因の影響――」『Discussion Paper Series（RIEB, Kobe University）』DP2020-J08。

斎藤幸平（2020）『人新世の「資本論」』集英社。

櫻井雅充（2021）『人材マネジメントとアイデンティティ――従業員の人材化とワーク・ライフ・バランス――』文眞堂。

佐々木将人・今川智美・塩谷剛・原泰史・岡嶋裕子・大塚英美・神吉直人・工藤秀雄・高永才・武部理花・寺畑正英・中園宏幸・中川功一・服部泰宏・藤本昌代・宮尾学・三崎秀央・谷田貝孝・HR総研（2020）「新型コロナウイルス感染症への組織対応に関する緊急調査――第三

報──」『IIR Working Paper』WP#20-12。
高山直（2020）「労働のデジタル化と価値評価実践──働き方改革を展望する唯物論的視座の含意──」『日本情報経営学会誌』40（1・2），174-200頁。
谷本寛治（2020）『企業と社会──サステナビリティ時代の経営学──』中央経済社。
中川功一（2020）「感染症時代の企業経営を概観する──経営の原点に立ち返る──」中川功一編『感染症時代の経営学』千倉書房，1-13頁。
中園宏幸・原泰史（2020）「データから状況を概観する──COVID-19と緊急事態宣言が企業経営の与えた影響：「新型コロナウイルス感染症への組織対応に関する緊急調査」──」中川功一編『感染症時代の経営学』千倉書房，57-67頁。
西岡由美・西村孝史（2020a）「新型コロナウイルス感染症拡大とホワイトカラーの仕事・働き方の変化」『Research Paper Series（Graduate School of Management, Tokyo Metropolitan University）』24。
西岡由美・西村孝史（2020b）「新型コロナウイルス感染症拡大とホワイトカラーの仕事・働き方の変化」『立正経営論集』53（1），1-30頁。
『日本経済新聞』（2020）「「幸福な職場」という挑戦」朝刊，2020年6月20日，8頁。
『日本経済新聞』（2021）「相談相手なく不安な2年目」名古屋朝刊，2021年3月19日。
服部泰宏・岡嶋裕子・神吉直人・藤本昌代・今川智美・大塚英美・工藤秀雄・高永才・佐々木将人・塩谷剛・武部理花・寺畑正英・中川功一・中園宏幸・宮尾学・三崎秀央・谷田貝孝・原泰史・HR総研（2020）「新型コロナウイルス感染症への組織対応に関する緊急調査──第二報──」『IIR Working Paper』WP#20-11。
原泰史・今川智美・大塚英美・岡嶋裕子・神吉直人・工藤秀雄・高永才・佐々木将人・塩谷剛・武部理花・寺畑正英・中園宏幸・服部泰宏・藤本昌代・三崎秀央・宮尾学・谷田貝孝・中川功一・HR総研（2020）「新型コロナウイルス感染症への組織対応に関する緊急調査──第一報──」『IIR Working Paper』WP#20-10。
藤井敦史（2013）「社会的企業概念はどのように捉えられてきたか」藤井敦史・原田晃樹・大高研道編『闘う社会的企業──コミュニティ・エンパワーメントの担い手──』勁草書房，20-55頁。
ボルタンスキー，リュック＆シャペロ，エヴ／三浦直希・海老塚明・川野英二・白鳥義彦・須田文明・立見淳哉訳（2013/1999）『資本主義の新たな精神（上・下）』ナカニシヤ出版。
ボルタンスキー，リュック＆テヴノー，ローラン／三浦直希訳（2007/1991）『正当化の理論──偉大さのエコノミー──』新曜社。
三浦直希（2011）「リュック・ボルタンスキーと資本主義の変容──正当性とエコノミー──」ボルタンスキー，リュック（三浦直希訳）『偉大さのエコノミーと愛』文化科学高等研究院出版局，223-251頁。

第Ⅲ部
論　攷

6　ミドルマネジャーの経営学史
――領域横断的な検討による全体像の探究――

森　谷　周　一

Ⅰ．問題意識と研究の背景

ミドルマネジャーはこれまで，固有の職位に基づく多様な役割を前提として，経営学の様々な領域において研究の対象とされてきた。とりわけわが国においては，現場力と称されるように，機動的な意思決定や組織全体の適応力の向上にとって，ミドルマネジャーとトップマネジメントの連携が欠かせないという認識は，現在においてもなお根強く日本企業に浸透しているといって過言ではないだろう。

一方で，ミドル層の弱体化や機能不全（白石 2008）といった，ミドルマネジャーの役割についてのネガティブな指摘も，2000 年代以降に散見されるようになってきた。日本だけでなく欧米においてもミドルマネジャーの負担が増加していると指摘されているが，その負担に見合うだけの貢献がなされているのかは別問題であるといえる（Osterman 2008）。

以上において述べられた現代企業のミドルマネジャーを巡る動向からは，ミドルマネジャーの存在意義やその背後にある機能や役割等について，一様な見解が確立されているとは言い難く，未だミドルマネジャーの貢献を精確に理解できていないのではないか，という疑問が浮かび上がる。その意味で，ミドルマネジャーを研究対象とする既存学説を整理し，ミドルマネジャー研究の到達点やその特質，残された課題等を明らかにすることは，理論・実践両面にとって意義があると思われる。しかしながら，ミドルマネジャー研究は，経営学の各領域において，それぞれの分析視角から数十年に渡り個別の検討がなされており，ミドルマネジャー研究の系譜を経営学全体の視点から掴み取ろうとする試みはほとんどなされていない。そこで本研究では，当該領域についての蓄積が豊富な欧米諸国での研究をベースに，1960年代以降に展開された管理者行動論や，1980年代から現代にかけて継続して研究が進められている人的資源管理論および経営戦略論を取り上げ，ミドルマネジメント研究の足跡を整理しながら，現代への含意を探索する。

Ⅱ．ミドルマネジャーの定義と階層

具体的な検討に入る前に，そもそもミドルマネジャーとはどのような人物を表すのかを整理しておく必要がある。というのも，組織の規模や取り上げられる文脈等によって，同じミドルマネジャーという用語でもその内実は異なり，研究間の前提の相違に起因した比較困難性に対する懸念が生じるためである。例えば，日本企業の文脈において，ミドルマネジャーもしくは中間管理職として想定されるのは，管理職の部下をもたない課長クラスであることが多い（例えば，白石 2008）。しかし，欧米の文脈ではミドルマネジャーは，「組織の上方および下方の両方に2レベル以上の階層をもつ人物」（Currie and Procter 2005）と定義される一方で，日本企業で想定されるような，一般従業員を直接的に監督下に置く，現場により密接した下層の管理職は，監督者やチームリーダーとしてのフロントライン・マネジャー（front-line manager）と呼ばれる（Harney and Jordan 2008）。そこで本研究においては，ミドルマネジャーに対するより精緻な理解を目指すために，上層と下層のミドルマネジャーを区別し，上層のミドルマネジャーを管理職の部下をもつ部長クラス，下層のミドルマネジャーを一般従業員に対して直接的な監督責任をもつ課長クラスを，それぞれ指すものとする。そのうえで，両者が混同しないことを意識しながら考察を加えていく。

Ⅲ．ミドルマネジャー研究の萌芽
――職長としてのミドルマネジャーと管理者行動論――

ミドルマネジャー研究の起源を，経営層以外の管理職が認識され，その機能に注目が集まるようになった時期と考えると，それはTaylorによって科学的管理法が提唱された1900年代初頭に遡る。科学的管理法の実践においてミドルマネジャーは，製造現場における職長（foreman）として製造工程に対する責任を負う一方で，部下の採用や訓練といった一連の人事管理業務に従事する監督者（supervisor）として認識されていた（Kerr et al. 1986）。

一方で，上位のミドルマネジャーを固有の研究対象として認識し，その特質が探索される契機となったのは，1960年代から70年代頃の管理者行動の特定を巡る一連の研究群によるところが大きい。Chandler（1962）が明らかにしたように，戦前から戦後にかけての大規模な事業部制組織たる巨大企業の台頭によって，国全体の経済成長に占める企業の重要性が社会全体で広く認知されるに至ったが，企業を指揮するマネジャーの実像については役割の複雑さや多様性ゆえに解明されていない点が多く，実際の行動を緻密に観察することによって，管理者行動の行動次元を特定する必要があった（Hales 1986）。

マネジャーの行動次元を捕捉する試みは，従前のマネジャー像では必ずしも認識されてこなかった職務の複雑さを，オペレーションの実現による短期的成果の達成のみならず，起業者や起案者として組織内の変革を主導する役割に注目することで明らかにした。その代表的な研究であるMintzberg（1973）は，マネジャーの行動次元を対人関係・情報関係・意思決定関係の3つのカテゴリ，11次元にまとめ，例えばリエゾンとして組織の縦横の関係維持に，起業家として変革の創発と設計に関わる存在として組織内外の多方面へ影響力を発揮することに，多くの時間を割いていることを明らかにした。一連の管理者行動研究の中でも，ミドルマネジャーを念頭に検討されたSayles（1964）もまた，スタッフ－ライン間の支援活動など，ミドルマネジャーが組織内外の人物を仲介しつつ，固有の役割を発揮する様を描いている。

以上のように，ミドルマネジャーは，相対する人物によって，複数の管理者行動を使い分けることで上下左右のネットワークの紐帯として機能し，組織の安定と変革の両面の実現に寄与する存在として認識されている。しかし，上述の議論はあくまで組織成員としての貢献の可能性や方法を示唆したに過ぎず，ミドルマネジャーがそれらの役割を通じて個人・組織レベルのパフォーマンス向上にどれほどの影響力をもつのかについては十分に検討がなされていない。そのような見地からミドルマネジャーの役割を捕捉しようとする試みは，1980年代以降の経営戦略論と人的資源管理論を中心とした諸研究の中に見られる。

Ⅳ．ミドルマネジャー研究の多様化と進展

1．戦略的役割を通じた影響力の行使

ミドルマネジャーの行動と組織レベルの成果が関連することを示唆する研究の一つは，イノベーションや戦略策定への関与を通じてミドルマネジャーが固有の影響力をもつことに注目した，経営戦略論の進展の中で確認できる。とりわけ，市場の変化に対する予見可能性が低下し，事業環境の不確実性が向上したという経済的環境の変化を背景に，より機動的かつ柔軟な意思決定や戦略の構築を志向する創発戦略が提唱されたことは，ミドルマネジャーの貢献を説明するうえで含蓄に富む。創発戦略はMintzbergを中心に提唱された，組織内での柔軟な戦略形成プロセスを捉えた概念であるが，その背後には，外的な市場や技術的環境の不確実性向上に伴って，事前の情報収集・分析に基づくトップマネジメント・チーム中心の戦略策定の有効性が低下することへの懸念がある（Mintzberg and Waters 1985）。創発戦略は，組織内の複数の主体が有機的に連関しながら事後的に戦略を形成していくという，新たな戦略構築の側面を照射し，それによりミドルマネジャーは，単なる職場管理者としてだけではなく，中長期的な環境の不確実性対処のための変革のエージェントとして認識されるようになった（Burgelman 1983；Kanter 1983）。

ミドルマネジャーが柔軟かつ即応的な市場変化への組織的適応に貢献する潜在性を有することが，上述のような探索的事例によって明らかになってきたことを受けて，1990年代以降のミドルマネジャー研究では，戦略的役割の類型化と，それらがもたらす組織的成果への影響を検証する試みが本格化する。Floyd and Wooldridge（1992）で示された，戦略的役割の4類型

はその代表例であり，この類型ではミドルマネジャーの戦略的役割を影響力の方向（組織内の上方か下方か）および貢献の特徴（現在の戦略との一貫性が高いか低いか）で区別している。すなわち，戦略との一貫性が高い統合的な役割として，熟考された戦略の実行（下方）および情報の統合（上方）が，一貫性が低い逸脱的な役割として，学習を基礎とした適応力の促進（下方）および代替案の支持（上方）がそれぞれ挙げられる。この類型に基づくと，すでに実施されている戦略の方向性とミドルマネジャー自身の行動が必ずしも一致しないような，自らのアイデアやイニシアチブに基づいた行動が組織内に影響を与えうることが示唆されている。こうした活動は逸脱的行動（divergent behavior）と呼ばれ，変革に関わるミドルマネジャーの行動次元の特質が反映されている。

このように，ミドルマネジャーが戦略的役割を担うことで，組織内での学習やアイデア創出が活発になることが期待される。トップマネジメントによる戦略策定能力の限界が指摘され，戦略＝トップマネジメントの専任事項という前提が崩れつつある状況においての次なる課題は，ミドルマネジャーが戦略を主導することの有効性を実証することであった。例えば，Wooldridge and Floyd（1990）は，ミドルマネジャーが戦略的役割に従事することで，彼ら自身の戦略に対する理解の向上や，トップマネジメントの戦略的意思決定が質的に改善されることから，組織的な成果につながることを論じている。特に，逸脱的活動はアイデアの創造や上位層への提案・説得を通じた戦略の刷新に貢献することから，ミドルマネジャー主導の起案（initiative）による上方への影響力行使が，業績に強い関連をもつ（Floyd and Wooldridge 1997）。これは，ミドルマネジャーとトップマネジメントの相互作用による柔軟な意思決定や戦略の転換がミドルマネジャーを起点として行われることで，企業の長期的な成長が促進されるという構図を示唆している（Pappas and Wooldridge 2007；Raes et al. 2011）。

2．人的資源管理の主体としてのミドルマネジャー

経営戦略論におけるミドルマネジャー研究が上層のミドルマネジャーを主に想定していたのに対して，最前線の監督者としてのミドルマネジャーを対

象とした研究を捕捉すると，その貢献をめぐる議論に変化が生じたのは，1980年代を中心に発展を遂げた人的資源管理論と，それに伴う人のマネジメントに対する考え方の変化によるところが大きい。組織の構成員を「未開発な資源」(Miles and Snow 1978) と捉える人的資源理念に基づいて，人的資源管理の下では従業員の技能やスキルを開発することを志向する人材マネジメントが展開される。その際，人的資源管理の運用を通じて従業員の潜在能力を引き出す過程では，現場のマネジャーによる個別かつ緻密なマネジメントが欠かせない (Storey 1992；Legge 1995)。つまり，労働者観の変化を背景とする人材マネジメントへの基本的な視座の変更が，人的資源管理上の成果を生み出す運用主体として，ミドルマネジャーへの注目を促進したのである。

ミドルマネジャーの人的資源管理を通じた貢献に関しては，もう一点見逃せない動きがある。それは，人的資源管理施策の束と組織的成果を含む広範な企業業績との因果関係の解明に主眼を置く戦略的人的資源管理論の進展である。戦略的人的資源管理論では人的資源管理が成果を生むメカニズムの一つとして，ミドルマネジャーの態度や行動，リーダーシップが鍵となることが明らかにされている。これは，策定された人的資源管理のシステムを適切に運用することの重要性が指摘され，現場の運用主体としてのミドルマネジャーによる各施策や制度の運用・実践を通じた，従業員の認知や行動への影響に注目が集まったことと関連している。実際，人的資源管理の実行局面におけるラインマネジャーの態度や行動が従業員の職務満足といった個人レベルの成果や，職場全体の革新的活動といった組織レベルの成果につながることが明らかにされている (Alfes et al. 2013；Van Waeyenberg and Decramer 2018)。

以上のように，人的資源管理論および戦略的人的資源管理論の発展によって，前線の管理職としての下層のミドルマネジャーが，人のマネジメントに関連する職務を通じた企業業績向上に寄与することが理論的にも実証的にも解明されつつある。

Ⅴ．ミドルマネジャー研究の到達点と現代的意義

1．成果への直接的な貢献主体としてのミドルマネジャー

以下では，これまでに述べられた内容を整理しながら，ミドルマネジャー研究の学術的成果を振り返るとともに，学史的考察によってもたらされる現代的意義および残された課題について述べる。第一に，ミドルマネジャー研究の歴史的転換点は，管理者行動論の成熟および人的資源管理と経営戦略論の進展によって，ミドルマネジャーへの学術的関心の高まりが生じた1980年頃にある。管理者行動論によって，職場や従業員の監督者としての役割に加え，革新機能を含む広範な影響力をもつマネジャー像が確立されたことを基礎としながら，経営戦略論と人的資源管理論のそれぞれの領域においてミドルマネジャーに対する注目が高まった時期がこれにあたる。経営戦略論では環境不確実性の高まりを背景とした柔軟かつ即応的な戦略形成への期待，人的資源管理論では，労働者観の変化を背景とした人材マネジメントに関する権限の委譲という文脈で，ミドルマネジャーの役割および貢献についての検討が開始されたことは，同時期に異なる要因がきっかけとなってミドルマネジャー研究が本格化したことを意味する。

第二に，経営戦略論と人的資源管理論の両系譜におけるミドルマネジャー研究は，その分析視角上の特質から，前者が上層，後者が下層のミドルマネジャーを主な研究対象としているという点に相違が見られる一方で，いずれにおいてもミドルマネジャーの役割と組織的成果との密接な関連を意識し，両者をつなぐ因果関係の解明に注力してきた。その結果，戦略主導型および人材マネジメント遂行型という２つのミドルマネジャー像が，企業の長期的な成長や競争力の獲得・育成の鍵となることが明らかとなった。

2．自己対話型のミドルマネジャーへの注目

以上のような学史的考察に基づく発見が，現代を生きる我々にどのような示唆を与えうるのかを，ミドルマネジャーを巡る今後の課題とともに述べておきたい。ミドルマネジャー研究の転換点となった1980年代と現代を比較

してみると，1980年代にミドルマネジャーに対する注目の契機となった，環境の不確実性や，従業員を資源として見なす労働者観といった側面は，現代においてますます強調され，それらの要因は企業の意思決定に多大な影響を与え続けている。例えば，現代の経営環境を特徴づけるグローバル市場経済の名の下での国際競争の激化や，デジタル技術を中心とした競争ルールの断続的な変化は，環境不確実性の最たるものであろう。一方で，サービス業の比率向上や戦略人事の普及に伴って，人材を競争優位の源泉とみなす従業員観は広く一般社会でも浸透しつつある。そのような状況を踏まえると，企業のミドルマネジャーに対する姿勢として，多くの実態調査（例えば日本経済団体連合会 2012）が指摘する，ミドルマネジャーに対する期待感の高揚は自然なことであり，それに伴ってミドルマネジャーが従前よりも多くの裁量や権限を有することも妥当に思われる。したがって本研究は，ミドルマネジャーがより多くの責任や自律性を有することへの正当性に，歴史的な裏付けを与えることになる。

その一方で，近年においてはミドルマネジャーが直面する職務環境の変化に起因して，ミドルマネジャー像が変化の兆しを見せていることも指摘したい。ミドルマネジャー研究を概観することで見出されたのは，戦略主導型のミドルマネジャーと，人材マネジメント遂行型のミドルマネジャーという，業績に直接的に寄与する2つのミドルマネジャー像であった。前者は，トップマネジメントに比してより現場に密接に関わる立場から，経済・市場・技術といった環境要因の変化の機微を察知し，自らが戦略の刷新や新たな事業機会の創造に向けたアイデアの提示や経営層の説得などを通じて，組織や事業の変革を実践していく姿を描いている。後者は，人事部を中心に社内のステークホルダーと協力関係を構築しながら，職場や個人を適切にマネジメントすることが期待される。それらに通底するミドルマネジャー像は，階層間または部門間の境界に立ち，組織内で生じる複雑な人間関係に折り合いをつけるような，対外的関係志向のミドルマネジャーであった。

しかしながら，近年のミドルマネジャーは，そのような他者との関係性の中で生じる複雑性への対処に加えて，ミドルマネジャー個人に内在する，役割上の負担や葛藤という意味での対内的な複雑性への対処もまた必要とされる。ミドルマネジャーの職務環境を巡っては近年，プレイングマネジャーに代表されるように，管理職として画一的な役割のみに限定されない働き方が浸透している。加えて，下層のミドルマネジャーであっても，日常的な職場や従業員の管理業務のみならず，長期的な視点に立脚しながら自ら事業機会を探索するようなことも，事業環境が目まぐるしく変化する中で要求されるようになった。以上のような，ミドルマネジャーの抱える役割の質的・量的な変化の中にあっては，どのような役割にどれほどの時間や労力を費やすのか，また，同時には達成することの困難な，相反する要求（例えば，短期的な成果と長期的な成長の両立）の中でいかにして妥協点を見つけるのか，といった点が，ミドルマネジャーの行動とそれに伴う成果を大きく規定する要因となるだろう。このような，自己に求められる役割や行動を，多様な期待の中から解釈・選択・統合し，実践するミドルマネジャーを本稿では自己対話志向型マネジャーと呼ぶこととする。前述の議論からもわかるように，これまでに確立された2つのミドルマネジャー像は，多様な職能の一側面と成果との関連性に着目することで形成されてきたわけであるが，一方で役割間の関係性やミドルマネジャーによる役割の選択といった観点は捨象されやすい。その結果，ミドルマネジャーへの期待がさらに増加し，役割の複雑性がより顕著になった現代においては，そのような分析視角では必ずしもミドルマネジャーの貢献を精確に描き出すことは困難である。すなわち，代表的な2つのミドルマネジャー像が実際に貢献する過程を明らかにするためには，シニアマネジャー層や経営層からの期待を基に，自らが処理可能な役割を選択するための自己対話を通じて，複数の役割を実践する中での成果の最大化がいかに達成されるのか，という点に特段の注意を払う必要がある。そのような，複数の役割を配分，選択することで最大成果の実現を志向する自己対話型のマネージャーは，現代においてはより規範的な意味合いが強まった2つのミドルマネジャー像を現代の文脈に適用する過程で表出した，現実的な姿として理解できよう。

自己対話型のミドルマネジャーの存在を所与とすると，その育成や活用についても，新たな視点や方策が必要とされる。すなわち，経営層やシニアマネジャー層は，ミドルマネジャーに期待する役割をできるだけ明確化し，彼

（女）ら自身が役割を解釈するための支援が必要となる。そのためには，どのような権限をどれほど付与することが，ミドルマネジャーの内面的な複雑性を解消し，成果に結実するのか，という問いに接近する必要がある。しかしながら，意外なことに現在までのミドルマネジャー研究では，このような根源的な問いに対する解を明示するには至っていない。例えば，Ahearne, Lam and Kraus（2014）は，逸脱的活動が事業部全体に与えるポジティブな効果は，ミドルマネジャーの裁量が一定の段階を超えると下がり，ミドルマネジャーが有する裁量の大きさと業績の関係は逆U字を描くと指摘している一方で，どの程度の委譲が最適であるのかという議論は欠落している。人的資源管理の観点から検討したIntindola et al.（2017）も同様に，人事部からミドルマネジャーへの権限委譲に関して，未だにどの程度の委譲が適切なのかは定かではないと述べている。その意味で，現代において生じた新たな実践的要請に応じるようなミドルマネジャーの研究の進展が，引き続き模索されるべきであろう。

参考文献

Ahearne, M., Lam, S. K. and Kraus, F. (2014), "Performance Impact of Middle Managers' Adaptive Strategy Implementation: The Role of Social Capital," *Strategic Management Journal*, Vol. 35, pp. 68–87.

Alfes, K., Truss, C., Soane, E. C., Rees, C. and Gatenby, M. (2013), "The Relationship between Line Manager Behavior, Perceived HRM Practices, and Individual Performance: Examining the Mediating Role of Engagement," *Human Resource Management*, Vol. 52, No. 6, pp. 839–859.

Burgelman, R. A. (1983), "A Process Model of Internal Corporate Venturing in a Diversified Major Firm," *Administrative Science Quarterly*, Vol. 28, No. 2, pp. 223–244.

Chandler, A. D., Jr. (1962), *Strategy and Structure*, MIT Press.（有賀裕子訳『組織は戦略に従う』ダイヤモンド社，2004年。）

Currie, G. and Procter, S. J. (2005), "The Antecedents of Middle Managers' Strategic Contribution: The Case of a Professional Bureaucracy," *Journal of Management Studies*, Vol. 42, No. 7, pp. 1325–1356.

Floyd, S. W. and Wooldridge, B. (1992), "Middle Management Involvement in Strategy and Its Association with Strategic Type: A Research Note," *Strategic Management Journal*, Vol. 13, pp. 153–167.

Floyd, S. W. and Wooldridge, B. (1997), "Middle Managements Strategic Influence and Organizational Performance," *Journal of Management Studies*, Vol. 34, No. 3. pp. 465–485.

Hales, C. P. (1986), "What Do Manager Do? A Critical Review of the Evidence," *Journal of Management Studies*, Vol. 23, No. 1, pp. 88–115.

Harney, B. and Jordan, C. (2008), "Unlocking the Black Box: Line Managers and HRM-Performance in a Call Centre Context," *International Journal of Productivity and Performance Management*, Vol. 57, No. 4, pp. 275-296.

Intindola, M., Weisinger, J. Y., Benson, P. and Pittz, T. (2017), "The Evolution of Devolution in HR," *Personnel Review*, Vol. 46, No. 8, pp. 1796-1815.

Kanter, R. M. (1983), *The Change Masters*, Simon and Schuster.（長谷川慶太郎監訳『ザ・チェンジ・マスターズ』二見書房，1984年。）

Kerr, S., Hill, K. D. and Broedling, L. (1986), "The First-line Supervisor: Phasing Out or Here to Stay?," *Academy of Management Review*, Vol. 11, No. 1, pp. 103-117.

Legge, K. (1995), *Human Resource Management: Rhetorics and Realities*, MacMillan Press.

Miles, R. E. and Snow, C. C. (1978), *Organizational Strategy, Structure, and Process*, McGraw-Hill.（土屋守章・内野崇・中野工訳『戦略型経営――戦略選択の実践シナリオ――』ダイヤモンド社，1983年。）

Mintzberg, H. (1973), *The Nature of Managerial Work*, New York, Harper and Row.

Mintzberg, H. and Waters, J. A. (1985), "Of Strategies, Deliberate and Emergent," *Strategic Management Journal*, Vol. 6, No. 3, pp. 257-272.

Osterman, P. (2008), *The Truth About Middle Managers*, Boston, Harvard University Press.

Pappas, J. M. and Wooldridge, B. (2007), "Middle Managers' Divergent Strategic Activity: An Investigation of Multiple Measures of Network Centrality," *Journal of Management Studies*, Vol. 44, No. 3, pp. 323-341.

Raes, A. M. L., Heijltjes, M. R., Glunk, U. and Roe, R. A. (2011), "The Interface of the Top Management Team and Middle Managers: A Process Model," *Academy of Management Review*, Vol. 36, No. 1, pp. 102-126.

Sayles, L. (1964), *Managerial Behavior: Administration in Complex Organizations*, McGraw-Hill.

Storey, J. (1992), *Developments in the Management of Human Resources*, Blackwell Publishers.

Van Waeyenberg, T. and Decramer, A. (2018), "Line Managers' AMO to Manage Employees' Performance: The Route to Effective and Satisfying Performance Management," *International Journal of Human Resource Management*, Vol. 29, No. 22, pp. 3039-3114.

Wooldridge, B. and Floyd, S. W. (1990), "The Strategy Process, Middle Management Involvement, and Organizational Performance," *Strategic Management Journal*, Vol. 11, No. 3, pp. 231-241.

白石久喜（2008）「ミドルマネジャーの役割再設計――役割コンフリクトの解消と役割分担の要諦――」『Works Review』第3巻，74-87頁。

日本経済団体連合会（2012）「ミドルマネジャーをめぐる現状課題と求められる対応」。

7　経営学の教育研究
——学問の体系性を回復するコマシラバスの意義——

中　原　　　翔

Ⅰ．はじめに

わが国は，戦前期以来ドイツ型の大学モデルを参考に，教育と研究が一体となった教育研究組織を整備してきた（天野 2013）。その特徴は，教員も学生もともに同じ組織に属し，学問上の「真理」を探求することであった（潮木 1973）。だが，とりわけ 90 年代以降の大学改革は，それらの教育研究組織の解体を目指し，アメリカ型の教育制度の導入を試みている。このような「ドイツからアメリカへ」の転換は，現場を混乱させるだけでなく，ひいては学問そのものを分離（＝解体）させる事態に至っている。

他方で，経営学においても教育と研究の一体化が目指され，その研究成果が蓄積されてきた。しかし，上記の大学改革によって，経営学においても教育と研究が分離しつつある。この状況は，一人の経営学者が担うべき経営学の体系性を破壊する危機をもたらすものである。本稿は，これらのトップダウンによる分離現象を批判的に検討し，実際の現場において行うべきボトムアップの解決策を探るものである。

以上より本稿の目的は，「経営学の教育研究」と題して経営学の体系性を回復するための理論的検討と方法論的検討を通じて，筆者が実際の授業で使用しているコマシラバスの実例を紹介することである。以下，本稿では，「教育と研究の分離」がどのような政策文書を通じて実行されてきたのかについて文科省（旧文部省）の答申を確認した後に（第Ⅱ節），いわゆる「経営学教育の研究」における「教育と研究の一体化」とその分離現象について確認する（第Ⅲ節）。そして，経営学の体系性を回復するためにコマシラバスと呼ばれる資料についての方法論的検討を行い，それが実際の現場でいかに用いられているかについて筆者の実例を紹介する（第Ⅳ節）。

Ⅱ．答申における「教育と研究の分離」現象

本節では，文科省（旧文部省）がどのように「教育と研究の分離」を進めてきたのかを，戦後の高等教育の転換点とも言われる二つの答申に基づいて確認する。それらは，中央教育審議会（以下，中教審）の「今後における学校教育の総合的な拡充整備のための基本的施策について」（1971 年）と大学審議会（以下，大学審）の「大学教育の改善について」（1991 年）である（天野 2013，282–285 頁）。以下では，これらを「71 年答申」と「91 年答申」と呼称し，それぞれの内容について議論する。

第一に，中教審の「71 年答申」である。この答申の背景では，「一つには，社会の急速な進展と変化が学校教育に多くの新しい課題を投げ掛けていたことであり，もう一つは，高等学校及び大学への進学率の上昇やベビーブーム世代の到来による急速な量的拡充が教育の多様化を要請し，学校教育のあり方の見直し」（文部省 1992，253–254 頁）が求められていた。わが国において戦前期以来続いていた「学部・学科」「講座・学科目」といった伝統的な教育研究組織では，もはや大衆化した高等教育を担えず，新たな教育研究組織が模索され始めたのである。

この「71 年答申」においてまず目指されたのは，伝統的な教育研究組織の解体であり，「教育組織と研究組織の機能的な分離」（天野 2013，282 頁）を行うことであった。文科省（旧文部省）は，「学部・学科」「講座・学科目」といった教育研究組織では教育も研究も「社会の急速な進展」に対応出来ないとし，教育機能と研究機能の分離を目指したのである。

だが，この分離は「71 年答申」時点では思うように進まなかった。天野によれば，「『学部・学科』とその人的基盤である教授会は，長く，教育研究上の組織であると同時に，学問の自由と大学自治のよりどころと見なされ，また，教育と研究は機能的にも組織としても，一体のものでなければならないとされてきた。その分離・解体を求めるこの改革構想は大学関係者の不

評，というより強い反発を買うものであり，政策として具体化されることなく終った」（天野 2013，282-283 頁）とされる。

第二に，大学審の「91 年答申」である。ところが，「91 年答申」において急速に機能的分離は進められることとなった。「91 年答申」では，大学設置基準の大綱化・自由化が目指され，教育課程編成の自由化（カリキュラムの自由化）が目指された。つまりこれは，文科省（旧文部省）が教育と研究の分離を大学への主体的な改革意識に求めたことを意味する。このことについて天野は，「『学部内組織』については，『学科を基本』とするが『学部を問わず「課程」を設けることが出来るように』することを求めている。答申によれば『学科』が『学生の教育機能とともに教員組織としての機能』を持つのに対して，『課程は学生の教育機能だけを担う組織』だという点が異なる。ここには学生の教育を重視すると同時に，教育と研究の機能，学生と教員の所属組織の分離を図ろうとする意図が見て取れる」（天野 2013，284 頁）としている。

この「91 年答申」に導入された教育制度は，機能的分離を進めるための具体策となった。それらの教育制度とは，自己点検評価制度を始めとして，セメスター制，シラバス，FD，TA，授業評価などである。これらの教育制度は，現在の大学においても盛んに取り組まれているものである。たしかに，「自己点検評価制度や，セメスター制・シラバス・FD・TA・授業評価など，多くは横文字の『教育』改革も，文部省の調査結果だけをみれば，大多数の大学で導入され実施に移されているものの，その内実については不備や理解の不十分さを指摘する声が多い」（天野 2006，60 頁）とも言われている。だが，機能的分離はこれらの教育制度の導入によって着実に進行していると考えられる（e.g. 苅谷 2012；2020）。

これらの機能的分離が進められる背景について有本編（2003）は，わが国が戦前にドイツを参考に研究志向の帝国大学を設立していたため，文科省（旧文部省）によってアメリカ型の教育制度が急速に導入されてきたと説明している。すなわち，わが国ではドイツのように研究志向の教員が多かったため，教育の充実化を図るためにアメリカ型の教育制度が拡充されるに至ったのである（有本・江原編 1996）。総じて，もともと一体となった教育研究組織を解体し，「研究から教育へ」という流れを生み出した文科省（旧文部省）の施策は，このような背景から「ドイツからアメリカへ」の移行を企図したものと言える。

Ⅲ．経営学における教育と研究の一体化と分離現象
──「経営学教育の研究」の展開──

このように文科省（旧文部省）の施策が機能的分離を進行させる状況において，経営学関連の会議体や学会では，どのような経営学教育が目指されていたのだろうか。本節では，その動向を把握すべく，いわゆる「経営学教育の研究」を取り上げ，それらの研究は当初より「教育と研究の一体化」を目指していたことに言及する。ただし，これらの一体化も当初の意向に反して，特に「91年答申」以降において分離傾向にある。本節では，これらの一体化と分離現象について検討する。

わが国における「経営学教育の研究」を牽引してきた人物として，齊藤毅憲を挙げることが出来る。齊藤は，「経営学教育の開拓者」，「全国学部長会議への貢献者」，「全国四系列教育会議のリーダー」，「経営学教育の実践家」として，いち早く経営学教育を牽引してきた人物である（片岡 2013)。この齊藤が，研究当初の70年代から訴えかけていたのが，経営学教育を単に教育として展開するのではなく，「教育と研究の一体化」を目指すということであった。齊藤は，「もとより研究と教育はそれ自体異なるが，日本の経営学は教育と密接に関連することによりアカデミックな知識として普及と発展がはかられてきた」（齊藤 1977，65頁）と述べ，教育と研究を密接に関係させた学術的知識の産出を目指していた。

この齊藤が，70年代から80年代にかけて中心的に取り組んだものこそ，カリキュラム編成の問題であった（e.g. 齊藤 1977；1978；1981)。当時は，わが国において次々と経営学部が新設された頃であったため，カリキュラムが十分に整備されていなかった（齊藤 1981，23-24頁)。そのため，カリキュラム編成の問題は，全国経営学長会議などでも議題にのぼるように経営学部の共通課題であった（多摩大学 2016)。齊藤は，カリキュラムを体系化

するべく，まず科目の「グループ化」や「ボックス化」が必要であるとしていた。つまり，体系を維持した上で，個々の科目の妥当性を判断するという体系性重視のカリキュラム・マネジメントであった（齊藤 1978，166-167頁）。

しかし，齊藤によって目指されたカリキュラムの体系化は，思うように進まなかった。その理由は，ここで言われる「体系」もまた個々の科目の充実化によってしか見えて来ないためであった。そのため，齊藤と同じく「教育と研究の一体化」を構想した涌田は（涌田 1988，77頁），個々の科目の充実化を図るとした上で（涌田 1989），二つの解決策を提案している。一つ目が研究成果を教育科目に反映させるということであり，「研究成果を講義に生かして使用し，より最新の，またより深い基本にせまる知識あるいは技術を教場で提供」（涌田 2000，26頁）するというものである。二つ目が，それらを踏まえて，講義内容（＝シラバス）の記述を通じた「科目の積み重ね」を行っていくというものである。

ただし，このようにカリキュラムの体系性が脆弱な状況において，経営学にも「91年答申」の大綱化によってアメリカ色の強い教授法が導入されることとなった。文科省（旧文部省）は，それらの導入を「補助金による誘導」（黒羽 1995，4頁）によって進めており，この頃から経営学にシラバス，FD，TA，授業評価が導入されている。さらに，これに加えて近年ではアクティブラーニング（e.g. 岩田・青木 2020）や様々な教授法が導入されており，それらの教授法が浸透している状況となっている。

さて，ここまで限られた文献と紙幅ではあるが，「経営学教育の研究」における背景を確認してきた。これら齊藤や涌田の考えは，現代の経営学教育にも援用されているものと考えられる。ただし，これらの「経営学教育の研究」には，次の三つの問題点がある。第一に，「教育と研究の分離」である。涌田のように研究を教育へ反映させることは重要であるものの，研究領域が細分化されている現状においてそれを教育上の科目全体に反映させるのは困難である。むしろ，「教育に根ざした研究」として教育研究を展開し，経営学の体系性を維持する必要がある。いずれにせよ，どういう風に教育と研究が関係しているかが示されねばならない。第二に，「カリキュラムと科目の分離」である。涌田の「科目の積み重ね」は一見合理的であるが，しかし講義内容（＝シラバス）が実際にどういう風に授業で展開されているのかは不明である。つまり，授業計画（＝シラバス）と実際の授業内容が乖離しつつある状況では，いくら「科目の積み重ね」を行っても名目的なカリキュラムしか出来ない。第三に，「内容と方法の分離」である。様々な教授法導入が先行する状態では，その講義内容に対してどのような方法が適切かという内容を伴った教授法の判断が難しくなる。それがカリキュラムの体系性を崩壊させる一因にもなる。

総じて，このような分離現象を批判的に捉えた上で，教育研究を志向した経営学の体系性を今一度回復させる必要がある。本稿では，文科省（旧文部省）のトップダウンに頼ることなく，実際の現場において行われるボトムアップの解決策として「経営学の教育研究」の可能性を探る。

Ⅳ．コマシラバスとは何か
―「経営学の教育研究」の方法論的検討と実例紹介―

本節では，経営学の体系性を回復するという意味での「経営学の教育研究」がいかにして可能となるかについての方法論的検討とそれを踏まえた実例を紹介する。ここで筆者がコマシラバスという資料に着目するのは，それが一つの教授法という以上に，これまでに見た分離現象を食い止める作用をもつためである。すなわち，コマシラバスには「教育と研究の一体化」を目指すと同時に，いかなる経営学の目的についても内容と方法を一体化させ，それを実際の授業で用いるという機能がある。なお，以下の引用頁数は特段の断りがない限り，芦田（2019）からの引用とする。

まず，コマシラバスとは何かを説明する。コマシラバスとは，通常のシラバスが「概念概要型」シラバスとして科目名，到達目標，各授業回の概要を総文字数2,000字程度で書き込むのに対して，「時間型」シラバスとして一つのコマ（＝授業回）の詳細を2,000字程度で執筆するシラバスである。これが「時間型」である所以は，実際の授業で「どこから，どこまで，どれくらいの深さ」で行われるものかを時間的に示すからである。

次に，コマシラバスの項目である。コマシラバスは，次の九項目から構成されている（102-103頁，116-117頁）。一．今回の授業の主題，二．科目の中でのこのコマの位置づけ（100～200字程度），三．コマ主題細目，四．細目レベル（200～300字程度），五．キーワード（三つから五つ程度），六．コマの展開方法，七．国家試験との関連，八．予習・復習課題（150～300字程度），九．使用する教材・教具（100～200字程度）である。

このうち特に重要となるのは，次の四項目である。「科目の中でのこのコマの位置づけ」は，科目全体におけるコマの位置づけを述べるものとされ，そのコマが科目全体において果たす役割をもつ。「コマ主題細目」は，このコマにおける90分を何分割にするのかの指針であり，見出しとなる。「細目レベル」は，見出しとしての「コマ主題細目」のそれぞれを「何を，どこからどこまで，どれくらいの深さ」で教えるのか＝学ぶのかを教員と学生がともに閲覧可能にするための記述となる。したがって，最も重要となるのは，この「細目レベル」における記述である。このコマシラバスには，単なる講義内容という以上の役割が複数あるが，それらは以下である。

第一に，「教育と研究との接点としてのコマシラバス」（152頁）である。芦田は，研究上の専門性がなければコマシラバスは書けないとしつつも，それがどの教育（＝コマ）に関係するのかをコマごと，細目ごとに文献を示す必要があるとする。それを示すのが「使用する教材・教具」であり，この記載があることによって，どのように教育と研究が一体化しているのかを判断することが可能になる。これはむしろ，教育上の体系について研究を行うという意味で，個人研究とは異なる教育研究である。

第二に，「カリキュラム・リテラシーとしてのコマシラバス」（149頁）である。芦田は，「一つの科目のなかでさえ〈カリキュラム〉になっていない現状で，科目自体を積み上げるカリキュラムなどできるはずがない」（149頁）とし，「自分の科目のカリキュラム構築（コマ管理）ができない教員たちが科目を超えた連携を模索することなどありえない。まずはコマシラバスが書けることがカリキュラム・リテラシーの基本」（149頁）とする。つまり，実際の授業で「使うシラバス」（118頁）としてコマごとに内容（＝細目レベル）が書き込まれるからこそ，本来的なカリキュラム・マネジメントが可能になるとする。

第三に,「教員の自己管理としてのコマシラバス」(180頁) である。芦田は，アクティブ・ラーニングを始めとする教授法（＝授業法）議論が先行すると，その教授法が授業内容に適切であったのかといった授業評価が棚上げされてしまうとする。そのため,「授業法議論は，授業目的，授業目標に従属する」(182頁) ものであり,「授業評価を有効に働かせるには，毎回の授業目標ができうる限り具体的に開示される必要がある」(182頁) とする。すなわち，いかなる授業目的（＝経営学の目的）が置かれようとも，その目的についての内容（＝細目レベル）と方法（＝コマの展開方法）が開示される必要がある。

以上の点を踏まえた上で，コマシラバスは執筆される。ここからは，筆者が実際の授業で使用している経営管理論のコマシラバスについて実例を示す。筆者はまず，教員も学生もともに「真理」を探求するという意味で「純粋学問としての経営学を教育研究する」という目的を掲げている。そのために，日々の授業も単なる教育として「概念概要」だけを記したスライド資料を用意するのではなく，古典読解を通じた講義草稿を各コマ15,000字～20,000字程度で執筆している。この講義草稿とコマシラバスの執筆手順を示すと，以下のようになる。

第一に，講義草稿の執筆である。例えば，テイラーの科学的管理法を教育研究する場合，当然ながらテイラーについて今一度学ぶ必要が生じる。それを踏まえて，筆者は，テイラーがそもそもどういう人物であるのかという「テイラーの経歴」，その内容である「工場管理法と科学的管理法」，そして「精神革命，その威光」を講義草稿として執筆した。その際，これまでテイラーが大学入学ではなく徒弟修業の道を歩んだことについて両親への反対を押し切ってそれを実行したと理解（＝誤解）していたものの，文献を改めて読むと，両親はむしろテイラーの視力低下を心配して目を酷使する環境を変える必要性を訴えていたことを知った (Kanigel 1997；中川編 2012)。このような発見が，教育研究にはある。

第二に，コマシラバスの執筆である（表1を参照)。筆者のコマシラバスにおけるコマ主題細目は，講義草稿の節を転記したものである。細目レベ

表１　経営管理論第三回「科学的管理法」コマシラバス

回	主題	コマシラバス項目	内容	主な教材・教具（頁数付き）
3	科学的管理法	科目の中での位置付け	本科目では、〈管理〉という概念がどのように誕生し、発展してきたのかを経営管理論と経営組織論の歴史（＝学説史）を通じて把握する。特に本科目では、〈管理〉が生まれる前後の歴史的背景やそれが生まれた後に展開してきた管理論の歴史、そして管理論から発展した組織論の歴史について把握する。具体的には、次の流れである。第１回はイントロダクションとして本科目の狙いと授業の進め方などについて把握する。第２回から第４回までは「第１単元」とし〈管理〉が生まれる前のビッグ・ビジネスから〈管理〉が生まれるまでの議論を展開する（第５回は小テスト）。第６回から第８回までは「第２単元」とし、〈管理〉に関する理論の展開について把握する（第９回は小テスト）。第10回から第13回までは「第３単元」とし、管理論と組織論のつながりについて把握する（第14回は小テスト）。そして、第15回は模擬試験・模擬解答発表会とする（詳細は第15回のコマを確認のこと）。なお、これらの流れを踏まえたうえで、第３回はF. W. テイラーの科学的管理法について、まずテイラーの経歴について概略を押さえた上で彼が行った工場管理法と科学的管理法がどのような管理法であったのかを講義し、最後に「精神革命」と呼ばれる労働者と使用者双方の繁栄という考え方を講義する。	（1）R. Kanigel, "The One Best Way: Frederick Winslow Taylor and the Enigma of Efficiency (Sloan Technology Series)," Viking Adult, 1997, pp. 87-91.（講義においては教員の抄訳を配布する。） （2）経営学史学会監修・中川誠士編『経営学史学会叢書Ⅰテイラー』文眞堂、2012年、1-20頁。 （3）F. W. テーラー（上野陽一訳）『科学的管理法〈新版〉』産業能率大学出版部、1984年、116頁。 （4）ダニエル・A・レン（佐々木恒男監訳）『マネジメント思想の進化（第４版）』文眞堂、2003年、135、140-141頁。 【教材・講義レジュメとコマ主題細目との対応】 コマ主題細目① 教材（1）"The One Best Way: Frederick Winslow Taylor and the Enigma of Efficiency" と教材（2）『経営学史学会叢書Ⅰテイラー』、第三回講義ノート第一節。 コマ主題細目② 教材（3）『科学的管理法〈新版〉』、第三回講義ノート第二節。 コマ主題細目③ 教材（4）『マネジメント思想の進化』、第三回講義ノート第三節。
		コマ主題細目	① テイラーの経歴　／　② 工場管理法と科学的管理法　／　③ 精神革命、その威光	
		細目レベル（各300字以上）	① F. W. テイラーの経歴について理解する。テイラーは裕福な家庭に生まれ、幼少期から高い教育を受けた。やがて、ハーバード大学を受験したテイラーは、合格するも猛勉強による視力低下によって入学を断念することになり、徒弟修業の道に進むことになる。ここでよく言われているのは、テイラーが父親からの反対を押し切って徒弟修業を選択したことだが、むしろ両親はテイラーの視力低下を心配していたため徒弟修業を進めたと言われている。このようにテイラーは、自らがハーバード大学よりもエンジニアになることを志したわけであるが、彼はミッドベール・スチールやベスレヘム・スチールといった当時では最新の製鋼所をテイラーは転々としながら、工場管理法や科学的管理法といった偉大な管理法を遺すに至った。ここでは工場管理法や科学的管理法を執筆する背景が理解できるところまでのテイラーの経歴について理解する（教材（1）、（2）を参照）。 ② テイラーの工場管理法と科学的管理法について理解する。テイラーは上記のような経歴を歩む中で、自らの管理方法について論考を発表している。それが工場管理法（1903年）と科学的管理法（1911年）である。前者では、「差別出来高給制度」の前提条件としての仕組みである職長制度（職能的職長制）と計画部の設置について記されている。職長制度（職能的職長制）とは、各職能（＝仕事のまとまり）に対して職長を配置することによって管理運営を行いやすくする仕組みのことである。また、計画部の設置とは主に計画を担当する専門部署を設けることによって実際に仕事を行う作業員との業務の差別化を図ることを意味している。いわゆる「計画と執行の分離」である。そして、ここでは作業員が集団でなまけてしまう組織的怠業を解消するために行われた、銑鉄運び作業、シャベルすくい作業について理解する。そしてこの二つの論考は、経営管理論においても金字塔的作品として後世に受け継がれているところまでを理解する（教材（3）を参照）。 ③ テイラーの科学的管理法が「精神革命」と呼ばれる理由について理解する。テイラーは、科学的管理法の最も重要な点を「労働者と管理者（＝使用者）双方の繁栄」であるとし、この理念のことを「精神革命」であると呼称した。これはつまり、科学的管理法において重要になるのは、差別出来高給制度でも、シャベルすくい作業でも、新しい賃金支払方法でもなく、「労働者と管理者（＝使用者）双方の繁栄」を目的とした「精神革命」である。なお、この「精神革命」には現代においても取り沙汰される労働問題においても非常に重要な意義がある。労働者と管理者（＝使用者）は、決して対立する関係にあるのではなく、むしろ企業発展を望みながら協調する関係にある。テイラーは、このことを科学的管理法のシステムに対する〝否定〟を踏まえて強く主張しているが、ここではその精神革命の重要性が分かるところまでを理解する（教材（4）を参照）。	
		キーワード	① F. W. テイラー　② 工場管理法　③ 科学的管理法　④ 労使双方の繁栄　⑤ 精神革命	
		コマの展開方法	□ 社会人講師　□ ケース・メソッド　□ AL, プロジェクト型学習　□ 反転授業　□ スライド授業 ☑ コマ用オリジナル配布資料　□ コマ用配布プリント資料　□ その他　□ 該当なし	
		予習・復習課題	予習（2時間）：講義ノートとコマシラバスを熟読し、テイラーがハーバード大学を受験し、合格するも視力低下によってそれを断念したことを理解しておくこと。また、テイラーが製鋼所を転々としながら工場管理法と科学的管理法を生み出していったことについて理解しておくこと。また、工場管理法と科学的管理法はそれぞれ重要な仕組みがあるが、大切なことはテイラーが科学的管理法を「精神革命」であると主張したことを理解しておくこと。 復習（2時間）：講義ノートとコマシラバスを再度熟読し、特に工場管理法と科学的管理法における仕組みについて理解しておくこと。ただし、科学的管理法が多くの成果をもたらした結果、次々と多くの工場や作業所で使用されるに至ったが、それが誤解に満ちた使われ方をされていたことも理解しておくこと。そして、テイラーはそれが「精神革命」に本質があるとして、自分が考案した仕組みでさえも否定しながら「精神革命」の重要性を伝えたことを理解しておくこと。	

ルでは，そのコマ主題細目を 90 分間の 3 分割として 30 分間ずつで展開するとすれば，「どこから，どこまで，どれくらいの深さで」を教員が教えるのか，学生が学ぶのかを記載した。これは講義草稿の本文の転記であるが，しかし 30 分間ずつという時間を意識すると講義草稿の多寡も明らかになり，細目レベルを書いた後に講義草稿を修正することもあった。予復習課題では，各 2 時間程度で何を理解しておく必要があるのかを記載した。このように執筆することで，授業中のみならず授業の前中後でテイラーにどのように向き合う必要があるかを示すことが可能となった。

第三に，コマシラバス間の統合（＝コマ間のカリキュラム化）である。各回において 15,000 字程度の講義草稿をもとにコマごとのシラバスを記載していくと，経営管理論という科目において自分がどのような経営学を展開していくかの根拠資料が出来上がってきた。それをさらに別の科目についても執筆していくと，コマシラバス間の統合も可能となった。また，コマシラバスを同じ学科の教員にも書いてもらうと，コマごとに担当する内容と方法も明らかになり，より綿密なコマ管理やカリキュラム・マネジメントが可能となった。これらは現在進行中ではあるが，本稿で議論した「経営学教育の研究」の諸課題を解決するものと実感している。

Ⅴ．おわりに

本稿では，教育と研究の分離現象を中心として，文科省（旧文部省）の答申や経営学教育の研究を批判的に検討し，実際の授業においてどのように「経営学の教育研究」を展開できるかを示してきた。その際，純粋学問としての経営学を教育研究するという目的の下，筆者の実例を提示した。

なお，本稿の限界としては，日本マネジメント学会（旧・日本経営教育学会）において盛んに取り組まれているような，有能な職業的専門家を育成するためのコマシラバスを議論し得なかった点にある。純粋学問ではなく，経営者や管理者といった職業的専門家を育成する場合には，どのような研究成果を教育現場に活用出来るか，またそれがどのようなコマ管理やカリキュラム構築に結びつくのか。それらが今後示されなければならない。これらの限界は，今後の筆者の課題である。本稿を擱筆したい。

参考文献

Kanigel, R. (1997), *The One Best Way: Frederick Winslow Taylor and the Enigma of Efficiency*, Penguin Books.
芦田宏直（2019）『シラバス論――大学の時代と時間，あるいは〈知識〉の死と再生について――』晶文社。
岩田弘尚・青木章通（2020）「経営学部におけるアクティブラーニングの実践――管理会計系の演習授業とゼミナールの紹介――」『専修経営論集』第109号，119-137頁。
天野郁夫（2006）『大学改革の社会学』玉川大学出版部。
天野郁夫（2013）『大学改革を問い直す』慶應義塾大学出版会。
有本章編（2003）『大学のカリキュラム改革』玉川大学出版部。
有本章・江原武一編（1996）『大学教授の国際比較』玉川大学出版部。
片岡信之（2013）「齊藤毅憲教授と経営学教育」『経済系』第254巻，1-11頁。
苅谷剛彦（2012）『アメリカの大学・ニッポンの大学――TA，シラバス，授業評価――』中央公論新社。
苅谷剛彦（2020）『コロナ後の教育へ――オックスフォードからの提唱――』中央公論新社。
黒羽亮一（1995）「日本における1990年代の大学改革」『学位研究』第3号，1-41頁。
齊藤毅憲（1977）「日本における経営学教育の回顧と展望」『経営学論集』第47巻，65-77頁。
齊藤毅憲（1978）『現代日本の経営学教育――実態調査と分析――』成文堂。
齊藤毅憲（1981）『現代日本の大学と経営学教育』成文堂。
潮木守一（1973）『近代大学の形成と変容――一九世紀ドイツ大学の社会的構造――』東京大学出版会。
多摩大学（2016）『第41回全国経営学部長会議』多摩大学経営情報学部。
中川誠士編著（2012）『テイラー（経営学史叢書Ⅰ）』文眞堂。
文部省編（1992）『学制百二十年史』ぎょうせい。
涌田宏昭（1988）「経営学教育での大学教授法序説Ⅰ」『経営論集』第31巻，77-113頁。
涌田宏昭（1989）「経営学教育での大学教授法序説Ⅱ」『経営論集』第33巻，35-67頁。
涌田宏昭（2000）「経営学教育の今日的問題」『オフィス・オートメーション』第21巻第4号，22-33頁。

第Ⅳ部

文　　献

ここに掲載の文献一覧は，第Ⅱ部の統一論題論文執筆者が各自のテーマの基本文献としてリストアップしたものを，年報編集委員会の責任において集約したものである。

1 「時代の問題」と経営学史の役割
―Covid-19 という「問題」をめぐって―

外国語文献

1 Barnard, C. I. (1938), *The Functions of the Executive*, Harvard University Press.（山本安次郎・田杉競・飯野春樹訳『新訳　経営者の役割』ダイヤモンド社，1968 年。）

2 Barry, J. M. (2004), *The Great Influenza: The Story of the Deadliest Pandemic in History*, Penguin Books.（平澤正夫訳『グレート・インフルエンザ―ウイルスに立ち向かった科学者たち―』筑摩書房，2021 年。）

3 Crosby, A. W. (1989), *America's Forgotten Pandemic: The Influenza of 1918*.（西村秀一訳『史上最悪のインフルエンザ―忘れられたパンデミック―』みすず書房，2004 年。）

4 Diamond, J. (1997), *Guns, Germs, and Steel: The Fates of Human Societies*.（倉骨彰訳『銃・病原菌・鉄（上・下）』草思社，2012 年。）

5 Follett, M. P. (1918), *The New State: Group Organization, the Solution of Popular, Government*, Longmans, Green.（三戸公監訳／榎本世彦・高澤十四久・上田篤訳『新しい国家―民主的政治の解決としての集団組織論―』文眞堂，1993 年。）

6 Follett, M. P. (1924), *Creative Experience*, Longmans, Green, Reprinted 1951, New York, Peter Smith.（齋藤貞之・西村香織・山下剛訳『創造的経験』文眞堂，2017 年。）

7 Follett, M. P. [Graham P. (ed.)] (1995), *Prophet of Management: A Celebration of Writings from the 1920s*, Beard Books.（三戸公・坂井正廣監訳『M・P・フォレット―管理の予言者―』文眞堂，1999 年。）

8 Tonn, J. C. (2003), *Mary P. Follett: Creating Democracy, Transforming Management*, Yale University Press.

9 Wolf, W. B. and Iino Haruki (eds.) (1986), *Philosophy for Managers: Selected Papers of Chester I. Barnard*, Bunshindo Publishing Co., LTD.（飯野春樹監訳／日本バーナード協会訳『経営者の哲学―バーナード論文集―』文眞堂，1986 年。）

10 Wren, D. A. (1994), *The Evolution of Management Thought*, 4th ed., Wiley.

（佐々木恒男監訳『マネジメント思想の進化』文眞堂，2003年。）

日本語文献

1　加藤勝康（1996），『バーナードとヘンダーソン――The Functions of the Executiveの形成過程――』文眞堂。
2　経営学史学会監修／吉原正彦編著（2013），『メイヨー＝レスリスバーガー――人間関係論――（経営学史叢書Ⅲ）』文眞堂。
3　経営学史学会監修／三井泉編著（2012），『フォレット（経営学史叢書Ⅳ）』文眞堂。
4　杉田博（2021），『フォレットの解釈学的経営思想』文眞堂。
5　藤沼司（2015），『経営学と文明の転換――知識経営論の系譜とその批判的研究――』文眞堂。
6　三井泉（2009），『社会的ネットワーキング論の源流――M. P. フォレットの思想―』文眞堂。
7　三戸公・榎本世彦（1991），『フォレット（経営学：人と学説）』同文舘出版。
8　三戸公（1997），『現代の学としての経営学』文眞堂。
9　村田晴夫・吉原正彦編（2010），『経営思想研究への討究――学問の新しい形――』文眞堂。
10　吉原正彦（2006），『経営学の新紀元を拓いた思想家たち――1930年代のハーバードを舞台に――』文眞堂。

2　資本主義の再構築と利害多元的企業統治モデル
――シュタインマン・フリーマン・ドラッカー学説の現代的意義――

外国語文献

1　Beauchamp, T. L. and Bowie, N. E. (2013), *Ethical Theory and Business*, 9th ed., Pearson.（加藤尚武監訳『企業倫理学1』晃洋書房，2005年。）
2　Boatright, J. R. (2013), "What's Wrong—and What's Right—with Stakeholder Management," in Beauchamp, T. L. and Bowie, N. E., *Ethical Theory and Business*, 9th ed., Pearson.（加藤尚武監訳『企業倫理学1』晃洋書房，2005年。）
3　Collier, P. (2018), *The Future of Capitalism: Facing the New Anxieties*, London, UK: Allen Lane.（伊東真訳『新・資本主義論――「見捨てない社会」を取り戻すために――』白水社，2020年。）

4　Drucker, P. F. (1965), *Effective Executive*, Harper & Row. (野田一夫・川村欣也訳『経営者の条件』ダイヤモンド社，1966年。)

5　Drucker, P. F. (1974), *Management, Tasks, Responsibilities, Practices*, Routledge. (野田一夫・村上恒夫監訳『マネジメント――課題・責任・実践――（上・下)』ダイヤモンド社，1974年。)

6　Evan, W. M. and Freeman, R. E. (2010), "A Stakeholder Theory of the Modern Corporation: Kantian Capitalism," in Moon, J., Orlitzky, M. and Whelan, G. eds., *Corporate Governance and Business Ethics*, Edward Elgar Publishing.

7　Freeman, R. E., Harrison, J. S. and Wicks, A. C. (2007), *Managing for Stakeholders: Survival, Reputation, and Success*, Yale University Press. (中村瑞穂訳『利害関係者志向の経営』白桃書房，2010年。)

8　Steinmann, H. und Gerum, E. (1990), "Unternehmensordnung," in Bea, F. X., Dichtl, E. und Schweizer, M., *Allgemeine Betriebswirtschftslehre*, Bd. 1: Grundfragen, 5 Aufl, Gustav Fischer. (小林哲夫・森昭夫編著『一般経営経済学　第1巻　基本問題』森山書店，1998年。)

9　Steinmann, H. und Löhr, A. (1994), *Grundfragen der Unternehemennsethik*, 2 Aufl., Schäffer-Poeschel Verlag.

日本語文献

1　海道ノブチカ（2005)，『ドイツの企業体制――ドイツのコーポレート・ガバナンス――』森山書店。

2　海道ノブチカ（2013)，『ドイツのコーポレート・ガバナンス』中央経済社。

3　風間信隆編著（2019)，『よくわかるコーポレート・ガバナンス』ミネルヴァ書房。

4　経営学史学会監修／河野大機編著（2012)，『ドラッカー（経営学史叢書X)』文眞堂。

5　佐久間信夫編著（2017)，『コーポレート・ガバナンス改革の国際比較――多様化するステークホルダーへの対応――』ミネルヴァ書房。

6　中村瑞穂編著（2003)，『企業倫理と企業統治――国際比較――』文眞堂。

7　百田義治編著（2020)，『現代経営学の基本問題』中央経済社。

8　万仲脩一（2001)，『企業体制論――シュタインマン学派の学説――』白桃書房。

9　万仲脩一（2004)，『企業倫理学――シュタインマン学派の学説――』西日本法規出版。

10　水村典弘（2008)，『ビジネスと倫理――ステークホルダー・マネジメントと価値創造―』文眞堂。

3　市場課題解決装置としての企業から社会課題解決装置としての企業へ

外国語文献

1　Aaker, D. A. (1991), *Managing Brand Equity: Capitalizing on the Value of a Brand Name*, The Free Press.（陶山計介・中田善啓・尾崎久仁博・小林哲訳『ブランド・エクイティ戦略―競争優位をつくりだす名前，シンボル，スローガン―』ダイヤモンド社，1994年。）
2　Abernathy, W. J. (1978), *The Productivity Dilemma: Roadblock to Innovation in the Automobile Industry*, Johns Hopkins University Press.
3　Abernathy, W. J., Clark, K. B. and Kantrow, A. M. (1983), *Industrial Renaissance*, Basic Books.（望月嘉幸監訳『インダストリアル ルネサンス』TBSブリタニカ，1984年。）
4　Carroll, A. B., Brown, J. A. and Buchholtz, A. K. (2016), *Business & Society*, Cengage Learning.
5　Christensen, C. M. (1997), *The Innovator's Dilemma: When New Technologies Cause Great Firms to Fail*, Harvard Business School Press.（伊豆原弓訳『イノベーションのジレンマ』翔泳社，2000年。）
6　Kim, W. C. and Mauborgne, R. (2005), *Blue Ocean Strategy: How to Create Uncontested Market Space and Make the Competition Irrelevant*, Harvard Business School.（有賀裕子訳『ブルー・オーシャン戦略』ランダムハウス講談社，2005年。）

日本語文献

1　小川英二（1994），『トヨタ生産方式の研究』日本経済新聞社。
2　経営学史学会監修／中川誠士編著（2012），『テイラー（経営学史叢書Ⅰ）』文眞堂。
3　角野信夫（2011），『マネジメントの歴史―時代と社会に学ぶ―』文眞堂。
4　テイラー・F. W. 著／有賀裕子訳（2009），『新訳　科学的管理法』ダイヤモンド社。
5　廣瀬幹好（2019），『フレデリック・テイラーとマネジメント思想』関西大学出版部。
6　ポーター・M. E. 著／土岐坤・服部照夫・中辻萬治訳（1982），『競争の戦略』ダイヤモンド社。
7　門田安弘（1991），『新トヨタシステム』講談社。

4　コロナ禍と組織における「コミュニケーション」
――ドラッカーを中心にして――

外国語文献

1　Barnard, C. I. (1938), *The Functions of the Executive*, Harvard University Press.（山本安次郎・田杉競・飯野春樹訳『新訳　経営者の役割』ダイヤモンド社，1968年。）
2　Drucker, P. F. (1970), *Technology, Management, and Society*, Harper & Row.
3　Drucker, P. F. (1993), *The Ecological Vision*, New Jersey.（上田惇生・佐々木実智男・林正・田代正美訳『すでに起こった未来』ダイヤモンド社，1994年。）
4　Follett, M. P. (1924), *Creative Experience*, Longmans, Green and Co.（三戸公監訳／齋藤貞之・西村香織・山下剛訳『創造的経験』文眞堂，2017年。）
5　Follett, M. P. [Graham P. (ed.)] (1995), *Prophet of Management: A Celebration of Writings from the 1920s*, Beard Books.（三戸公・坂井正廣監訳『M・P・フォレット――管理の予言者――』文眞堂，1999年。）
6　McLuhan, M. (1994), *Understanding Media: The Extensions of Man*, MIT Press.（栗原裕・河本仲聖訳『メディア論――人間の拡張の諸相――』みすず書房，1987年。）
7　Toffler, A. (1980), *The Third Wave*, William Morrow & Company.（徳岡孝夫監訳『第3の波』中公文庫，1982年。）

日本語文献

1　池田謙一（2000），『コミュニケーション』東京大学出版会。
2　加藤秀俊（1966），『人間関係――理解と誤解――』中公新書。
3　金武完・圓岡偉男（2019），『入門　情報社会とコミュニケーション技術　改訂新版』明石書店。
4　黒木登志夫（2020），『新型コロナの科学』中公新書。

5　田村大樹（2004），『空間的情報流と地域構造』原書房。
6　村田晴夫（1991），『情報とシステムの哲学』文眞堂。
7　吉田民人（1990），『自己組織性の情報科学――エヴォルーショニストのウィーナー的自然観――』新曜社。

5　コロナ禍における働き方の変容と経営組織

外国語文献

1　Borzaga, C. and Defourny, J. (eds.) (2001), *The Emergence of Social Enterprise*, Routledge.（内山哲朗・石塚秀雄・柳沢敏勝訳『社会的企業――雇用・福祉のEUサードセクター――』日本経済評論社，2004年。）
2　Brown, A. D. (ed.) (2020), *The Oxford Handbook of Identities in Organizations*, Oxford University Press.
3　Greenwood, R., Oliver, C., Lawrence, T. B. and Meyer, R. E. (eds.) (2017), *The SAGE Handbook of Organizational Institutionalism*, 2nd ed., SAGE Publications.
4　Kenny, K., Whittle, A. and Willmott, H. (2011), *Understanding Identity & Organizations*, SAGE Publications.
5　Powell, W. W. and DiMaggio, P. J. (eds.) (1991), *The New Institutionalism in Organizational Analysis*, The University of Chicago Press.
6　Thornton, P. H., Ocasio, W. and Lounsbury, M. (2012), *The Institutional Logics Perspective: A New Approach to Culture, Structure, and Process*, Oxford University Press.

日本語文献

1　江夏幾多郎・服部泰宏・神吉直人・麓仁美・高尾義明・矢寺顕行（2021），『コロナショックと就労――流行初期の心理と行動についての実証分析――』ミネルヴァ書房。
2　斎藤幸平（2020），『人新世の「資本論」』集英社。
3　櫻井雅充（2021），『人材マネジメントとアイデンティティ――従業員の人材化とワーク・ライフ・バランス――』文眞堂。
4　清水剛（2021），『感染症と経営――戦前日本企業は「死の影」といかに向き合ったか――』中央経済社。
5　谷本寛治（2020），『企業と社会――サステナビリティ時代の経営学――』中央経済社。
6　中川功一編（2020），『感染症時代の経営学』千倉書房。
7　藤井敦史・原田晃樹・大高研道編（2013），『闘う社会的企業――コミュニティ・エンパワーメントの担い手――』勁草書房。
8　松嶋登（2015），『現場の情報化――IT 利用実践の組織論的研究――』有斐閣。

第Ⅴ部
資　料

経営学史学会第29回全国大会実行委員長挨拶

松　田　　　健

経営学史学会第29回大会は，2021年5月28日（金）から5月30日（日）（プログラム上の公式日程）の日程で，駒澤大学を開催本部校として全面オンラインで開催されました。大会の統一論題テーマは「『時代の問題』と経営学史──COVID-19が示唆するもの──」であり，これは前年の秋には決定されていたものではあるのですが，いみじくもオンライン開催という，本学会では初めての形態での開催を象徴するものになりました。

2020年10月発行の学会通信にてご案内を差し上げたように，秋口までは対面での開催も視野に入れつつ準備をしてきたものの，大会開催時での感染状況がどのような展開になるのかは当然の事ながら全く読めませんでした。またそれに伴って大学施設の貸出しも確定できず，何よりも対面開催を強行したとしても，会員の皆さまが大会会場に足を運んで下さるのだろうか，といったことも含め，数々の懸案事項がありました。このように開催形態の決定には頭を悩ませましたが，最終的には全面オンライン形態での開催に踏み切った次第です。

全面オンラインでの大会開催ということで，予稿集はHPからパスワードを設定したダウンロード形式とし，また大会プログラム暫定版は早めに学会HPで公開したものの，確定版プログラムはZOOMのURLを掲載するため，セキュリティの観点から大会開催直前まで公開しないという方針で臨みました。

また，第28回大会（久留米大学）での統一論題報告ならびに討論が「誌上開催」という変則的な形態になってしまったとはいえ大変に実り多きものであったことを受け止め，改めて前回大会の統一論題報告ならびに討論を会員との双方向でのやり取りをしていただけるよう，前回大会実行委員長をおつとめ下さった福永文美夫会員（久留米大学）の総合司会の下で「シンポジウム：28回大会統一論題を受けて」と題したセッションを行いました。

第一報告では，廣瀬幹好会員（関西大学）を討論者に「19世紀前半期イギリスにおける機械の効果と影響――バベッジ，ユア，及びミルの所説――」が村田和博会員（下関市立大学）から報告されました。また，第二報告では討論者に加藤俊彦会員（一橋大学），報告者として宗像正幸会員（神戸大学名誉教授）による「技術概念，技術観の変遷とその意義――AI時代を見すえて――」が，そして第三報告では討論者として磯村和人会員（中央大学），報告者に桑田耕太郎会員（東京都立大学）を迎え，「科学技術としてのAIと組織のインテリジェンス：バーナード理論，サイモン理論からAI時代の経営学へ」が報告され，またそれぞれ討論も行われました。これらの各報告に対しては，前回大会からの1年間で報告者，討論者，また会員による意見のやりとりがメール等で継続的に行われていたこともあり，シンポジウム形式での論点を絞った活発な議論に結実しました。

シンポジウムに続き，三井泉会員（日本大学）による第29回大会基調報告「問題発見のプロセスとしての経営学史――『モダン－ポストモダン』の先に？――」（司会：勝部伸夫会員〔専修大学〕）を経て，統一論題報告が行われました。

〈サブテーマ1：事業と社会〉では，柴田明会員（日本大学）を司会者として，風間信隆会員（明治大学）が「資本主義の再構築と多元的企業統治モデル――シュタインマン・フリーマン・ドラッカー学説の現代的意義――」を，また小山嚴也会員（関東学院大学）が「市場課題解決装置としての企業から社会課題解決装置としての企業へ」と題した報告を，井坂康志会員（ものつくり大学）を討論者に迎えて行いました。

〈サブテーマ2：組織と管理〉では上林憲雄会員（神戸大学）を司会者に，山下剛会員（北九州市立大学）が「コロナ禍と組織における「コミュニケーション」――ドラッカーを中心にして――」を，また浦野充洋会員（関西学院大学）が「コロナ禍における働き方の変容と経営組織」と題する報告を行い，西村香織会員（九州産業大学）による討論を経て，オンラインで参加された会員との間で議論が交わされました。

また，自由論題では8名の報告者が立ち，こちらも様々な視点からフレッシュな研究報告が行われました。

本学会としては初めての全面オンラインという形態での大会でありながらも，おかげさまをもちまして90名ほどの会員にご参加頂きました。大きなトラブルもなく最後まで開催できたのも，多くの関係各位によるご協力があってこそです。実行委員会としてもシステム設計やその実行はもとより，報告者，討論者に宛てるご連絡や会員の皆さまにも参加マニュアルの作成・公開，準備の経過報告を含め，できる限りきめ細やかに情報を発信することに努めて参ったこともあったのか，準備・運営に関して少なからずお褒めの言葉も頂戴致しました。しかし，こうした情報発信を実際にHPへの掲示やMLでの配信作業を担って下さったのは学会広報委員の先生方でしたし，当日のオペレーションでも神戸大学ならびに日本大学の先生方にはZOOMの共同ホストを含め，オンライン時のバックアップ局のお役目をお引き受け頂きました。特に神戸大学には学内にアクセス会場もご用意頂き，大変お世話になりました。加えて，大会本部の駒澤大学にも学内・学外から応援に入って頂きました。ご協力下さった多くの皆さまに，この場をお借りして改めて心より御礼申し上げます。

次回大会（専修大学）は30回大会という節目の大会です。こちらもオンラインでの開催と伺っておりますが，さらに実り多き大会になることを祈念申し上げまして，簡単ではございますが経営学史学会第29回大会実行委員長としてのご挨拶とさせていただきます。

第29回全国大会を振り返って

西 村 香 織

経営学史学会第29回全国大会は，2021年5月28日（金）から30日（日）（プログラム上の公式日程）にかけて，駒澤大学を本部としてオンラインにて開催された。

今大会の統一論題「『時代の問題』と経営学史――COVID-19が示唆するもの――」は，まさに私たちが日々経験している時代の問題，COVID-19の感染拡大による変化は，はたして経営学に何を示唆しているのかに正面から取り組むものとして設定された。このメインテーマのもとに，「事業と社会」，「組織と管理」の2つがサブテーマとして設けられ，事業活動と社会の関係，組織と管理のあり方に対してコロナ禍が示唆するものについて探求されることとなった。

大会でははじめに，第28回統一論題を受けてのシンポジウムがもたれた。3つの報告と質疑応答を含む討論を通じて，昨年度の統一論題「経営学における『技術』概念の変遷――AI時代に向けて――」の重要性について，さらに理解を深めることができた。その後，大会実行委員長・松田健会員より開会の辞が述べられた。続いて行われた三井泉会員による基調報告では，「統合を原動力とするコミュニティのプロセスから，個人の自由とコミュニティの自由が実現する」とのM. P. フォレットの考えを踏まえて，経営学史の地平から，モダン（近代）を支えた価値，あるいは「科学技術と人間」，「人と人，人と社会，人と自然」の問題を問い直すことの必要性が提示された。

初日の統一論題報告・サブテーマ「事業と社会」では，風間信隆会員による「資本主義の再構築と多元的企業統治モデル――シュタインマン・フリーマン・ドラッカー学説の現代的意義――」と題する報告，小山嚴也会員による「市場課題解決装置としての企業から社会課題解決装置としての企業へ」と題する報告が行われ，企業や資本主義のあり方の転換までを含めた論議が展開された。また2日目のサブテーマ「組織と管理」では，山下剛会員による「コロナ禍と組織における『コミュニケーション』――ドラッカーを中心にして――」と題する報告，浦野充洋会員による「コロナ禍における働き方の変容と経営組織」と題する報告があり，コミュニケーションをキーワードとして，個人と個人，個人と組織の繋がりのあり方について，その可能性と問題が問われた。

自由論題では4会場にて計8名の報告がなされた。各報告者より経営学史の観点から現状の課題に取り組む研究発表が行われ，いずれの会場においても充実した質疑応答が行われた。

会員総会では，まず2020年度の活動報告と収支決算報告，2021年度の活動計画と収支予算案，会則の改定について説明があり，いずれも承認された。報告事項では，中條秀治会員への学会賞の授与が紹介され，続いて30周年記念叢書，第30回全国大会の開催，第10期役員選挙結果，「日本学術会議任命拒否問題」についての報告があった。

松田健委員長をはじめ駒澤大学の皆様の本当に行き届いたご準備とご配慮のお蔭で，オンライン上でも心配なく充実した報告と議論ができましたことに，心より御礼申し上げます。

なお，第29回全国大会のプログラムは次の通りである。

2021年5月29日（土）

【シンポジウム：28回大会統一論題を受けて】

（A会場オンライン：報告20分，討論・質疑応答25分）

9：40～10：25　第一報告

報告者：村田和博（下関市立大学）

論　題：「19世紀前半期イギリスにおける機械の効果と影響――バベッジ，ユア，及びミルの所説――」

討論者：廣瀬幹好（関西大学）

10：25～11：10　第二報告

報告者：宗像正幸（神戸大学名誉教授）

論　題：「技術概念，技術観の変遷とその意義――AI時代を見すえて──」
討論者：加藤俊彦（一橋大学）
11：15～12：00　第三報告
報告者：桑田耕太郎（東京都立大学）
論　題：「科学技術としての AI と組織のインテリジェンス：バーナード理論，サイモン理論から AI 時代の経営学へ」
討論者：磯村和人（中央大学）
総合司会：福永文美夫（久留米大学）

【開会・基調報告】（A 会場オンライン）
13：00～13：35　開会の辞：第 29 回全国大会実行委員長　松田　健（駒澤大学）
基調報告：三井　泉（日本大学）
論　題：「問題発見のプロセスとしての経営学史──『モダン－ポストモダン』の先に？──」
司会者：勝部伸夫（専修大学・経営学史学会理事長）

【統一論題】
（A 会場オンライン：報告 30 分× 2，討論 20 分，質疑応答 60 分）
〈サブテーマ 1：事業と社会〉
13：40～14：10　第一報告
報告者：風間信隆（明治大学）
論　題：「資本主義の再構築と多元的企業統治モデル──シュタインマン・フリーマン・ドラッカー学説の現代的意義──」
14：10～14：40　第二報告
報告者：小山嚴也（関東学院大学）
論　題：「市場課題解決装置としての企業から社会課題解決装置としての企業へ」
14：40～15：00　討　論
討論者：井坂康志（ものつくり大学）

15：10～16：10　質疑応答
司会者：柴田　明（日本大学）

【会員総会】（A会場オンライン）
16：15～17：15

2021年5月30日（日）

【自由論題】（報告30分，質疑応答30分）

A会場（オンライン）
10：00～11：00　報告者：杉浦優子（星城大学）
「ノーマル・アクシデント理論と高信頼性理論の適用範囲──COVID-19が示唆するもの──」
チェアパーソン：中條秀治（中京大学）
11：10～12：10　報告者：髙木孝紀（白鷗大学）
「両利き組織のマネジメント──組織が長期存続するメカニズムの解明──」
チェアパーソン：梶脇裕二（龍谷大学）

B会場（オンライン）
10：00～11：00　報告者：高橋哲也（東京富士大学）
「社会的状況の変化と職場の人間関係の変化──人間関係論再訪──」
チェアパーソン：藤沼　司（青森公立大学）
11：10～12：10　報告者：森谷周一（関西学院大学）
「ミドルマネジャーの経営学史：領域横断的な検討による全体像の探求」
チェアパーソン：辻村宏和（中部大学）

C会場（オンライン）
10：00～11：00　報告者：堀籠　崇（新潟大学）
「地域経営学への視座──二元論を超えて」
チェアパーソン：杉田　博（石巻専修大学）
11：10～12：10　報告者：中原　翔（大阪産業大学）

「『往還の学問』としての〈経営学〉：フンボルト理念に基づくコマシラバスの経営学的意義」
チェアパーソン：池内秀己（九州産業大学）

D 会場（オンライン）

10：00〜11：00　報告者：津久井稲緒（長崎県立大学）
「企業の社会的責任論におけるコレクティブインパクトの把握――責任概念をふまえて――」
チェアパーソン：渡辺敏雄（関西学院大学）

11：10〜12：10　報告者：鈴木貴大（日本大学）
「トップ・マネジメントと現場の乖離問題――経営倫理に依拠したリスク対応の観点から――」
チェアパーソン：河辺　純（大阪商業大学）

【統一論題】

（A 会場オンライン：報告 30 分× 2，討論 20 分，質疑応答 60 分）

〈サブテーマ 2：組織と管理〉

13：10〜13：40　第一報告
報告者：山下　剛（北九州市立大学）
論　題：「コロナ禍と組織における「コミュニケーション」――ドラッカーを中心にして――」

13：40〜14：10　第二報告
報告者：浦野充洋（関西学院大学）
論　題：「コロナ禍における働き方の変容と経営組織」

14：10〜14：30　討　論
討論者：西村香織（九州産業大学）

14：40〜15：40　質疑応答
司会者：上林憲雄（神戸大学）

【大会総括・閉会】（A 会場オンライン）

15：45〜15：55　大会総括：経営学史学会理事長　勝部伸夫（専修大学）
閉会の辞：第 29 回全国大会実行委員長　松田　健（駒澤大学）

執筆者紹介（執筆順，肩書には大会後の変化が反映されている）

三井　泉（園田学園女子大学経営学部教授）

主著『社会的ネットワーキング論の源流――M. P. フォレットの思想――』文眞堂，2009年

Cultural Translation of Management Philosophy in Asian Companies（編著），Springer, 2020

風間信隆（明治大学前教授）

主著『ドイツ的生産モデルとフレキシビリティ』中央経済社，1997年

『合理性から読み解く経営学（経営学史叢書第Ⅱ期 第4巻 合理性）』（編著），文眞堂，2021年

小山嚴也（関東学院大学経営学部教授）

主著『CSRのマネジメント――イシューマイオピアに陥る企業――』白桃書房，2011年

主要論文「企業不祥事の発生原因と防止策の検討――コンプライアンス活動の観点から――」『経営哲学』第14巻第2号，2017年

山下　剛（北九州市立大学教授）

主著『マズローと経営学――機能性と人間性の統合を求めて――』文眞堂，2019年

『フォレット（経営学史叢書Ⅳ）』（共著），文眞堂，2012年

浦野充洋（関西学院大学商学部准教授）

主要論文「イノベーションを創出する制度の働き」『国民経済雑誌』第207巻第6号（共著），2013年

「社会的企業を捉えるアプローチに関する考察――批判的研究と規範的研究の可能性――」『商学論究』第65巻第2号，2017年

森谷周一（関西学院大学准教授）

主要論文「人的資源管理と戦略概念」経営学史学会編『経営学の再生――経営学に何ができるか――（経営学史学会年報第21輯）』文眞堂，2014年。

"Middle managers' strategic contribution: Control and flexibility as sequential behaviors," *Asia Pacific Business and Economic Perspectives Journal*, 7 (1), pp. 56-73

中原　翔（大阪産業大学准教授）

主要論文「組織不祥事研究のポリティカル・リサーチャビリティ――社会問題の追認から生成に向けて――」経営学史学会編『経営学の批判力と構想力（経営学史学会年報第23輯）』文眞堂，2016年

「数値化された法的基準が誘発する組織不正：燃費不正の事例研究」『日本情報経営学会誌』第40巻1-2号，2020年

経営学史学会年報掲載論文（自由論題）審査規定

1　本審査規定は本学会の年次大会での自由論題報告を条件にした論文原稿を対象とする。

2　編集委員会による形式審査

原稿が著しく規定に反している場合，編集委員会の責任において却下することができる。

3　査読委員の選定

査読委員は，原稿の内容から判断して適当と思われる会員２名に地域的バランスも考慮して，編集委員会が委嘱する。なお，大会当日の当該報告のチェアパーソンには査読委員を委嘱しない。また会員に適切な査読委員を得られない場合，会員外に査読委員を委嘱することができる。なお，原稿執筆者と特別な関係にある者（たとえば指導教授，同門生，同僚）には，査読委員を委嘱できない。

なお，査読委員は執筆者に対して匿名とし，執筆者との対応はすべて編集委員会が行う。

4　編集委員会への査読結果の報告

査読委員は，論文入手後速やかに査読を行い，その結果を30日以内に所定の「査読結果報告書」に記入し，編集委員会に査読結果を報告しなければならない。なお，報告書における「論文掲載の適否」は，次のように区分する。

①**適**：掲載可とするもの。

②**条件付き適**：条件付きで掲載可とするもの。査読委員のコメントを執筆者に返送し，再検討および修正を要請する。再提出された原稿の修正確認は編集委員会が行う。

③**再査読**：再査読を要するもの。査読委員のコメントを執筆者に返送し，再検討および修正を要請する。再提出された原稿は査読委員が再査読し，判断する。

④**不適**：掲載不可とするもの。ただし，他の１名の評価が上記①～③の場合，査読委員のコメントを執筆者に返送し，再検討および修正を要請する。再提出された原稿は査読委員が再査読し，判断する。

なお，再査読後の評価は「適（条件付きの場合も含む）」と「不適」の２つとする。また，再査読後の評価が「不適」の場合，編集委員会の最終評価は，「掲載可」「掲載不可」の２つとするが，再査読論文に対して若干の修正を条件に「掲載可」とすることもある。その場合の最終判断は編集委員会が行う。

5　原稿の採否

編集委員会は，査読報告に基づいて，原稿の採否を以下のようなルールに従って決定する。

①査読委員が２名とも「適」の場合は，掲載を可とする。

②査読委員１名が「適」で，他の１名が「条件付き適」の場合は，修正原稿を編集委員会が確認した後，掲載を可とする。

③査読委員１名が「適」で，他の１名が「再査読」の場合は，後者に修正原稿を再査読するよう要請する。その結果が「適（条件付きの場合を含む)」の場合は，編集委員会が確認した後，掲載を可とする。「不適」の場合は，当該査読委員がそのコメントを編集委員会に提出し，編集委員会が最終判断を行う。

④査読委員が２名とも「条件付き適」の場合は，修正原稿を編集委員会が確認した後，掲載を可とする。

⑤査読委員１名が「条件付き適」で，他の１名が「再査読」の場合は，後者に修正原稿を再査読するよう要請する。その結果が「適（条件付きの場合を含む)」の場合は，編集委員会が前者の修正点を含め確認した後，掲載を可とする。「不適」の場合は，当該査読委員がそのコメントを編集委員会に提出し，編集委員会が最終判断を行う。

⑥査読委員が２名とも「再査読」の場合は，両者に修正原稿を再査読するよう要請する。その結果が２名とも「適（条件付きの場合を含む)」の場合は，編集委員会が確認した後，掲載を可とする。１名あるいは２名とも「不適」の場合は，当該査読委員がそのコメントを編集委員会に提出し，編集委員会が最終判断を行う。

⑦査読委員１名が「条件付き適」で，他の１名が「不適」の場合は，後者に修正原稿を再査読するよう要請する。その結果が「適（条件付きの場合を含む)」の場合は，編集委員会が前者の修正点を含め確認した後，掲載を可とする。「不適」の場合は，当該査読委員がそのコメントを編集委員会に提出し，編集委員会が最終判断を行う。

⑧査読委員１名が「再査読」で，他の１名が「不適」の場合は，両者に修正原稿を再査読するよう要請する。その結果が２名とも「適（条件付きの場合を

含む)」の場合は，編集委員会が確認した後，掲載を可とする。1名あるいは2名とも「不適」の場合は，当該査読委員がそのコメントを編集委員会に提出し，編集委員会が最終判断を行う。

⑨査読委員1名が「適」で，他の1名が「不適」の場合は，後者に修正原稿を再査読するよう要請する。その結果が「適（条件付きの場合を含む)」の場合は，編集委員会が確認した後，掲載を可とする。「不適」の場合は，当該査読委員がそのコメントを編集委員会に提出し，編集委員会が最終判断を行う。

⑩査読委員が2名とも「不適」の場合は，掲載を不可とする。

6　執筆者への採否の通知

編集委員会は，原稿の採否，掲載・不掲載の決定を，執筆者に文章で通知する。

編集後記

経営学史学会年報第29輯は，第29回全国大会テーマ「『時代の問題』と経営学史──COVID-19が示唆するもの──」に沿い，基調報告論文および統一論題報告論文4本，そして自由論題報告2本を収録して刊行することができた。玉稿を執筆頂いた先生方をはじめ，査読委員および編集委員の各位には，長期間に渡って執筆と審査に携わって頂き心よりお礼を申し上げたい。

新型コロナウイルス感染症のパンデミックから2年が経過したが，この感染症と人類の闘いも常態化し，経営学史研究でも看過できない「時代の問題」であるとの理解が共有された。学史研究者としてこの課題をどのように捉え，そこから何を展望することが出来たのか，さらに今後経営学がどのような貢献ができるのか，本年報を通じて考察を深めて頂ければ幸いである。

また第Ⅲ部「論攷」では，査読審査を経た自由論題報告論文が掲載されているが，掲載に至る過程について少し触れておきたい。第11輯より採用された査読制度（第20輯掲載分より規定改定）に基づき，査読者2名による審査，大会報告時のチェアパーソンの事前審査および編集委員会の最終審議を経て，掲載までに1年半を要することは会員諸氏周知のこととはいえ，近年大会報告応募を躊躇する要因とも言われている。さらに，年報に掲載される論攷の減少からも，若手研究者の学史研究離れを危惧する声も少なからずある。学会を取り巻くこうした現状においても，報告者と査読者の双方が大変真摯に執筆および審査に対応していただいていることは，ここに改めて記すまでもないだろう。結果，掲載出来なかった論文があることは残念ではあるが，同時にその背景に経営学史研究のあり方（研究対象や方法さらには学史研究の理解）について経営学研究者間に齟齬が生じており，そのことが上記の懸念の要因ではないかとの印象を抱いた。

幸いにも第30回大会では，本学会が直面するこうした課題に真っ向から議論するワークショップが企画されている。若手研究者のみならず，学会全体で今後の学史研究について議論し，学史研究とその成果である本年報のさらなる学術的価値を向上させる契機となることを期待したい。

（河辺　純　記）

THE ANNUAL BULLETIN
of
The Society for the History of Management Theories

No. 29 May, 2022

"Problems of the Times" and the History of Management Theories

Contents

Abstracts

"Problems of the Times" and the Role of the History of Management Thought: On the "Problem" of Covid-19

Izumi MITSUI (Sonoda Women's University)

The purpose of this keynote is to talk about the main theme of this conference and its background. Today, the nations of the world are in an endless battle against the covid-19 pandemic. This two-years battle has had a major impact not only on the medical field, but also on our economic, social, political, and life fields. Management theories and practices have always faced "problems of the times" since their birth.

On the issue of pandemics, an outstanding scholar during the 1918 pandemic was M. P. Follett. She published a book called "New States" at that time. It seems that her thoughts were greatly influenced not only by World War I but also by the pandemic. Further research on Follett from this point will be needed.

Problems raised by the current pandemic are not only new lifestyles and management skills, but also the "modern values" that have supported our basic philosophy behind them. It seems that clarifying this point is the role of research on the history of management thought as a metatheory.

Reconstruction of Capitalism and a Stakeholder Model of Corporate Governance Model: The Modern Significance of Steinmann, Freeman, Drucker Theory

Nobutaka KAZAMA (Meiji University)

In August 2019, the United States-Business Roundtable, a management association of major U.S. companies, made a statement to reconsider the previous 'shareholder primacy' and redefine the purpose of a corporation to promote 'An Economy That Serves All Americans'. Namely, it is required to envision and embody a 'multi-stakeholder approach of corporate governance' aiming for sustainable management by changing the strategy and behaviour of a huge joint-stock company. This corporate governance approach is based on the viewpoint that the company should not be a private possession of stockholders, rather it should be a quasi-public organization. Reviewing the three theories that Horst Steinmann and E. Germ (1983), W. M. Evan and R.E Freeman (1988), and P. F. Drucker (1974) have developed from the 1970s to the 1980s, this study revealed the modern significance of the multi-stakeholder approach of corporate governance and insisted on the reconstruction of capitalist's capitalism through excellent reform of corporate governance. This study asserts the powerful engagement of stakeholders' representatives to the supervisory board, the board of directors, or the advisory board.

A Paradigm Shift from Market Issue-Solving to Social Issue-Solving

Yoshinari KOYAMA (Kanto Gakuin University)

In this paper, we show how the progress of sustainability and the impact of COVID-19 have changed corporate behavior. Based on the purpose, companies are increasingly working to solve social issues through both business activities and philanthropy. Some companies approach social issues with philanthropy and solve them as business. COVID-19 also promotes these movements.

The implication is that corporations are transforming their character from a device for solving market issues to a device for solving social issues. In other words, it was suggested that the corporate paradigm is shifting from market issue-solving to social issue-solving.

Covid-19 and Concept of the Communication:
The Meaning of Drucker's Theory of Communication

Tsuyoshi YAMASHITA (The University of Kitakyushu)

Covid-19 has changed our society to a society in which a direct contact and a face-to-face communication is dangerous behavior and then it has become common to use remote communication technologies like Zoom. But some problems have occurred in our organization. That is "Communication does not go well even though communication technology is developing." Covid-19 asks us "What is communication?" This article concluded through Drucker's theory of communication that communication is "understanding" as the meaning of "putting yourself in other's shoes."

The Impact of the COVID-19 Pandemic on Work and Management Organizations

Mitsuhiro URANO (Kwansei Gakuin University)

In this paper, I examine work and management organizations during the COVID-19 pandemic and discuss the following issues. First, telework, which has been embraced during the pandemic and made possible by information and communication technology, has the danger of regulating people's behavior and making them work excessively. However, it can not only make work efficient, but also change the way people work, which in turn transform their entire lives.

Second, the foundation of identity work has been shifting from corporations to individuals. COVID-19 has accelerated this trend and asked us to rethink the meaning of work by halting our daily lives. The meaning of work is not determined by work alone but is found in the interconnectedness of contradictory institutions such as companies and families and is an issue regarding our way of life that goes beyond the work.

Third, the COVID-19 pandemic has also highlited the problems contemporary capitalist management organizations face, such as the widening disparities caused by the emphasis on autonomy and the externalization of labor.

「時代の問題」と経営学史
──COVID-19が示唆するもの──
経営学史学会年報　第29輯

2022年5月27日　第1版第1刷発行　　検印省略

編　者　経 営 学 史 学 会
発行者　前　野　　隆
発行所　株式会社　文　眞　堂
東京都新宿区早稲田鶴巻町533
電　話　03（3202）8480
FAX　03（3203）2638
〒162-0041 振替00120-2-96437
製作・平河工業社

URL. http://keieigakusi.info/
http://www.bunshin-do.co.jp/
落丁・乱丁本はおとりかえいたします
定価はカバー裏に表示してあります
ISBN978-4-8309-5177-0　C3034

Ⅱ　経営学史論攷

Ⅲ　人と業績

Ⅳ　文　献

日本の経営学を築いた人びと　第三輯

●主要目次

Ⅰ　日本の経営学を築いた人びと

Ⅱ　文　献

アメリカ経営学の潮流 第四輯

●主要目次

経営学研究のフロンティア 第五輯

●主要目次

経営理論の変遷　第六輯

●主要目次

経営学百年——鳥瞰と未来展望——　第七輯

●主要目次

組織管理研究の百年　第八輯

●主要目次

IT革命と経営理論　第九輯

●主要目次

現代経営と経営学史の挑戦
――グローバル化・地球環境・組織と個人――　第十輯

●主要目次

経営学を創り上げた思想　第十一輯

●主要目次

ガバナンスと政策——経営学の理論と実践——　第十二輯

●主要目次

企業モデルの多様化と経営理論　第十三輯

——二十一世紀を展望して——

●主要目次

経営学の現在——ガバナンス論、組織論・戦略論——　第十四輯

●主要目次

現代経営学の新潮流——方法、CSR・HRM・NPO——　第十五輯

●主要目次

Ⅲ　文　献

経営理論と実践　第十六輯

●主要目次

Ⅰ　**趣旨説明――経営理論と実践**　第五期運営委員会

Ⅱ　**経営理論と実践**

一　ドイツ経営学とアメリカ経営学における理論と実践　高橋由明

二　経営理論の実践性とプラグマティズム　岩田浩
　　――ジョン・デューイの思想を通して――

三　ドイツの経営理論で、世界で共通に使えるもの　小山明宏

四　現代CSRの基本的性格と批判経営学研究の課題・方法　百田義治

五　経営〝共育〟への道　齊藤毅憲
　　――ゼミナール活動の軌跡から――

六　経営学の研究者になるということ　上林憲雄
　　――経営学研究者養成の現状と課題――

七　日本におけるビジネススクールの展開と二十一世紀への展望　高橋文郎　中西正雄　高橋宏幸　丹沢安治

Ⅲ　**論　攷**

八　チーム医療の必要性に関する試論　渡邉弥生
　　――「実践コミュニティ論」の視点をもとにして――

九　OD（組織開発）の歴史的整理と展望　西川耕平

十　片岡説と構造的支配－権力パラダイムとの接点　坂本雅則

Ⅳ　**文　献**

経営学の展開と組織概念　第十七輯

●主要目次

Ⅰ　**趣旨説明――経営理論と組織概念**　第六期運営委員会

Ⅱ　**経営理論と組織概念**

一　経営理論における組織概念の生成と展開　庭本佳和

二　ドイツ経営組織論の潮流と二つの組織概念　丹沢安治

三　ヴェーバー官僚制論再考　小阪隆秀
　　――ポスト官僚制組織概念と組織人の自由――

危機の時代の経営と経営学　第十八輯

●主要目次

経営学の思想と方法　第十九輯

●主要目次

経営学の貢献と反省——二十一世紀を見据えて——　第二十輯

●主要目次

経営学の再生——経営学に何ができるか—— 第二十一輯

●主要目次

現代経営学の潮流と限界——これからの経営学——　第二十二輯

●主要目次

経営学の批判力と構想力　第二十三輯

●主要目次

経営学史研究の興亡　第二十四輯

●主要目次

9　マズロー自己実現論と経営学　山　下　　剛
　——金井壽宏「完全なる経営」論について——
10　人的資源管理論における人間的側面考察の必要性について
高　橋　哲　也
11　M. P. フォレットの「創造的経験」　西　村　香　織
　——Creative Experience における理解を中心として——
12　M. P. フォレットの世界観　杉　田　　博
　——その物語性の哲学的基礎——
13　ステークホルダー理論におけるステーク概念の検討　中　村　貴　治

Ⅳ　文　　献

経営学史研究の挑戦　**第二十五輯**

●主要目次

Ⅰ　趣旨説明——経営学史研究の挑戦　第8期運営委員会

Ⅱ　経営学史研究の挑戦

1　経営学史研究の挑戦——その持つ意味——　吉　原　正　彦
2　経営学史研究の意義を探って——実践性との関連で——　梶　脇　裕　二
3　経営学の“実践性”と経営者育成論（経営教育学）の構想
辻　村　宏　和
4　経営学の「科学化」と実証研究　勝　部　伸　夫
　——経営学史研究の意義——
5　物語る経営学史研究　宇田川　元　一

Ⅲ　論　　攷

6　会社法における株式会社観の日独比較　山　口　尚　美
　——私的所有物か公共物か——
7　日本企業の集団的意思決定プロセスの研究　浅　井　希和子
　——組織論の分析視角と稟議制度——

Ⅳ　文　　献

経営学の未来——経営学史研究の現代的意義を問う——　**第二十六輯**

●主要目次

Ⅰ　趣旨説明——経営学の未来——経営学史研究の現代的意義を問う——
第9期運営委員会

Ⅱ　経営学の未来——経営学史研究の現代的意義を問う——

経営学の『概念』を問う——現代的課題への学史からの挑戦——　第二十七輯

●主要目次

経営学における『技術』概念の変遷——AI時代に向けて——　第二十八輯

●主要目次

Ⅳ　文　　献